# The Usborne Picture Dictionary in French

Felicity Brooks and Mairi Mackinnon
Designed by Stephanie Jones
Models by Jo Litchfield

## Contents

### How to say the words

You can hear all the French words in this book, read by a French person, on the Usborne Quicklinks Website at **www.usborne-quicklinks.com**. Find out more on page 112.

# Using your dictionary

You can use this dictionary to find out how to say things in French. Every page has 12 main words in English, with the same words in French (the translations).

The English words are in the order of the alphabet: words beginning with A are first in the book. There are also pictures to show what words mean.

This word shows the first English word on the page.

This word shows the last English word on the page.

The English words are shown at the top left of the box.

If you forget the order of the letters in the alphabet, look at the side of any page.

The French translations are shown at the top right of the box.

Sometimes the same English word appears twice with little numbers next to it. This shows that the same word can be used in two different ways. The French translations may look very different.

Short sentences or phrases, in English and in French, show you how the word can be used.

This letter shows the first letter of the English words on that page.

Don't forget that in a dictionary you read down the page in columns. In most other books you read across.

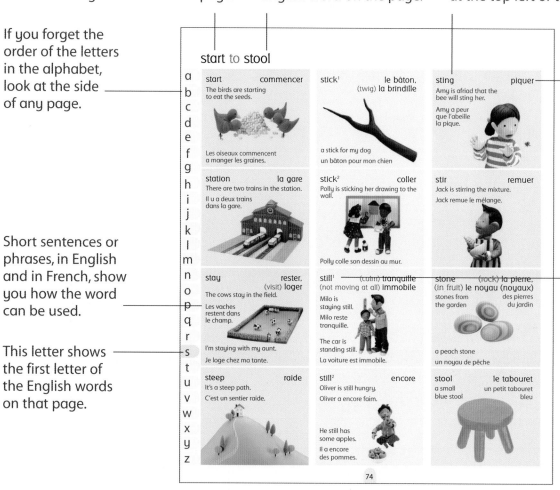

start to stool

a b c d e f g h i j k l m n o p q r s t u v w x y z

**start** — commencer
The birds are starting to eat the seeds.
Les oiseaux commencent a manger les graines.

**station** — la gare
There are two trains in the station.
Il u a deux trains dans la gare.

**stay** — rester, (visit) loger
The cows stay in the field.
Les vaches restent dans le champ.
I'm staying with my aunt.
Je loge chez ma tante.

**steep** — raide
It's a steep path.
C'est un sentier raide.

**stick¹** — le bâton, (twig) la brindille
a stick for my dog
un bâton pour mon chien

**stick²** — coller
Polly is sticking her drawing to the wall.
Polly colle son dessin au mur.

**still¹** — (calm) tranquille, (not moving at all) immobile
Milo is staying still.
Milo reste tranquille.
The car is standing still.
La voiture est immobile.

**still²** — encore
Oliver is still hungry.
Oliver a encore faim.
He still has some apples.
Il a encore des pommes.

**sting** — piquer
Amy is afraid that the bee will sting her.
Amy a peur que l'abeille la pique.

**stir** — remuer
Jack is stirring the mixture.
Jack remue le mélange.

**stone** — (rock) la pierre, (in fruit) le noyau (noyaux)
stones from the garden — des pierres du jardin
a peach stone — un noyau de pêche

**stool** — le tabouret
a small blue stool — un petit tabouret bleu

74

# How to find a word

**1** Think of the letter the word starts with. "Stone" starts with an "s", for example.

**2** Look through the dictionary until you have found the "s" pages.

**3** Think of the next letter of the word. Look for words that begin with "st".

**4** Now look down the "st" words until you find the word you are looking for.

**actor** — l'acteur (m) / l'actrice (f)

These actors are waving.

Les acteurs saluent.

**(to be) afraid** — avoir peur

Maddy is afraid of spiders.

Maddy a peur des araignées.

**air** — l'air (m)

The red balloon goes up into the air.

Le ballon rouge s'élève dans l'air.

**add** — ajouter

Billy's adding some blocks to his tower.

Billy ajoute des cubes à sa tour.

**after** — après

Sacha goes after Suki.

Sacha descend après Suki.

Sacha
Suki

**alone** — seul

Katie sings when she's alone.

Katie chante quand elle est seule.

**address** — l'adresse (f)

This is Oliver's address.

Voici l'adresse d'Oliver.

Oliver Mangetout
233, ave de la Bouffe
96000 Dinenville

**afternoon** — l'après-midi (m or f)

three o'clock in the afternoon

3 heures de l'après-midi

**alphabet** — l'alphabet (m)

the letters of the alphabet

les lettres de l'alphabet

**adult** — l'adulte (m or f)

Minnie is a child. Her dad is an adult.

Minnie est une enfant. Son papa est un adulte.

**age** — l'âge (m)

What's Olivia's age?

Quel âge a Olivia?

Joshua
Olivia
Ben

**ambulance** — l'ambulance (f)

There is nobody in the ambulance.

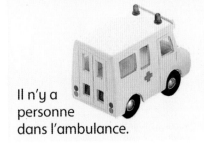

Il n'y a personne dans l'ambulance.

a b c d e f g h i j k l m n o p q r s t u v w x y z

## amount — la quantité

a large amount of pasta

une grande quantité de pâtes

## angel — l'ange (m)

a Christmas angel

un ange de Noël

## angry — fâché

Jack is angry with Pip.

Jack est fâché avec Pip.

## animal — l'animal (m) (animaux)

A lion is an animal.

Le lion est un animal.

## ankle — la cheville

Ankles join legs to feet.

Les chevilles joignent les jambes aux pieds.

## answer — la réponse

Question: Which animal says miaow?

Answer: A cat

Question: Quel animal miaule?

Réponse: Le chat.

## ant — la fourmi

Ants like sugar.

Les fourmis aiment le sucre.

## ape — le singe

An orang-utan is a kind of ape.

L'orang-outan est une espèce de singe.

## apple — la pomme

It's good to eat apples.

Il est bon de manger des pommes.

## arm — le bras

This is Jack's left arm.

Voici le bras gauche de Jack.

## arrive — arriver

The bus arrives at one o'clock.

Le bus arrive à 1 heure.

## art — l'art (m)

It's a work of art.

C'est une oeuvre d'art.

## artist     l'artiste (m or f)

This artist is painting some flowers.

Cette artiste peint des fleurs.

## ask     demander

Becky is asking for strawberries.

Becky demande des fraises.

## asleep     endormi

Is Nicholas asleep?

Est-ce que Nicholas est endormi?

## astronaut     l'astronaute (m or f)

Oliver is dressed up as an astronaut.

Oliver est déguisé en astronaute.

## baby     le bébé

The baby is smiling.

Le bébé sourit.

## back¹     le dos

Polly is pointing to Jack's back.

Polly indique le dos de Jack.

## back²     l'arrière (m)

at the back of the bus

à l'arrière du bus

## bad     mauvais, méchant, (food) abîmé

a bad apple

une pomme abîmé

a bad dog

un chien méchant

## bag     le sac

all kinds of bags

toutes sortes de sacs

## bake     faire, faire cuire au four

Oliver is baking some cakes.

Oliver fait des gâteaux.

## baker     le boulanger

The baker sells fresh bread.

Le boulanger vend du pain frais.

## balance     être en équilibre

This clown is balancing on one hand.

Le clown est en équilibre sur une main.

a b c d e f g h i j k l m n o p q r s t u v w x y z

## bald — chauve

Mr. Rogers is bald.

Monsieur Rogers est chauve.

## banana — la banane

A banana is a yellow fruit.

La banane est un fruit jaune.

## bar — la barre

a steel bar

une barre en acier

Hold on to the bar!

Tiens bien la barre!

## ball — le ballon

a brightly coloured ball

un ballon aux couleurs vives

## band — l'orchestre (m)

Polly and Marco play in a band.

Polly et Marco jouent dans un orchestre.

## bare — nu

Marcus is all bare for his bath.

Marcus est tout nu pour aller dans son bain.

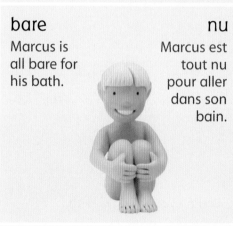

## ballerina — la ballerine

Lucy is a ballerina.

Lucy est ballerine.

## bang — boum

Bang! The balloon bursts.

Boum!!

Boum! Le ballon éclate.

## bark¹ — l'écorce (f)

the bark of a tree

l'écorce d'un arbre

## balloon, (hot air) — le ballon, la montgolfière

a pink balloon

un ballon rose

## bank — la banque

Mr. Brand is getting money from the bank.

Monsieur Brand retire de l'argent à la banque.

## bark² — aboyer

Pip is barking.

Pip aboie.

Woof woof!

Wouah wouah!

# barn to bed

**barn**       **la grange**

The barn is full of hay.

La grange
est remplie
de foin.

**bath**       **la baignoire**

The bath is empty.

La baignoire est vide.

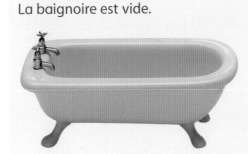

**bear**       **l'ours (m)**

A bear is a
wild animal.

L'ours est
un animal
sauvage.

**base**       **le pied**

The lamp has a yellow base.

La lampe a un pied jaune.

**beach**       **la plage**

They are playing on the beach.

Ils jouent sur la plage.

**beard**       **la barbe**

Mr. Brown
has a beard.

Monsieur
Brown a
une barbe.

**basket**       **le panier**

a big, round basket

un grand
panier
rond

**beak**       **le bec**

A toucan has
a big beak.

Le toucan
a un grand bec.

**beautiful**       **beau**
**(bel, belle)***

a beautiful
pink cake

un beau
gâteau rose

**bat**       **la chauve-souris,**
(for sports) **la batte**

A bat isn't a bird.

La chauve-souris n'est
pas un oiseau.

**bean**       **le haricot**

green beans

les haricots verts

**bed**       **le lit**

a child's bed

un lit d'enfant

* masculine plural form: beaux

a b c d e f g h i j k l m n o p q r s t u v w x y z

a b c d e f g h i j k l m n o p q r s t u v w x y z

## bedroom — la chambre

Ben's bedroom — la chambre de Ben

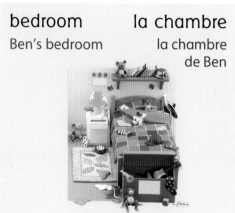

## before — avant

Suki goes before Sacha.

Suki descend avant Sacha.

Sacha

Suki

## below — sous

The kitten is below the planks.

Le chaton est sous les planches.

## bee — l'abeille (f)

Honey comes from bees.

Le miel provient des abeilles.

## begin — commencer

Sam's beginning to fall asleep.

Sam commence à s'endormir.

## belt — la ceinture

a brown leather belt

une ceinture marron en cuir

## beetle — le scarabée

Beetles have six legs.

Les scarabées ont six pattes.

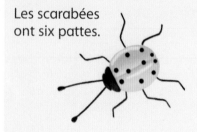

## behind — derrière

The kitten is behind the flowerpot.

Le chaton est derrière le pot de fleurs.

## beside — à côté

The kitten is beside the flowerpot.

Le chaton est à côté du pot de fleurs.

## beetroot — la betterave

Beetroot grows underground.

La betterave pousse sous terre.

## belong — appartenir

The book belongs to Suzie.

Le livre appartient à Suzie.

## between — entre

The kitten is between the two flowerpots.

Le chaton est entre les deux pots de fleur.

# bib to book

### bib — le bavoir

a baby's bib

un bavoir
de bébé

### birthday — l'anniversaire (m)

a birthday party

une fête d'anniversaire

### boat — le bateau (bateaux)

a rowing boat

un bateau
à rames

### bicycle — le vélo, la bicyclette

Sara's blue bicycle

le vélo bleu
de Sara

### bite — mordre, (food) croquer

Jon is biting
an apple.

Jon
croque
une
pomme.

Our dog
doesn't
bite.

Notre
chien ne
mord
pas.

### body — le corps

some parts of the body

des parties
du corps

arm
le bras

tummy
le ventre

leg
la jambe

foot
le pied

### big — grand, gros (grosse)

a big elephant

un gros éléphant

### blanket — la couverture

a wool
blanket

une couverture
de laine

### bone — l'os (m)

Patch has found some bones.

Patch a trouvé
des os.

### bird — l'oiseau (m) (oiseaux)

There are some birds that can't fly.

Il y a des oiseaux
qui ne volent pas.

### blow — souffler

Polly is
blowing out
the candles.

Polly souffle
les bougies.

### book — le livre

Tina is reading a book.

Tina lit un livre.

a b c d e f g h i j k l m n o p q r s t u v w x y z

a b c d e f g h i j k l m n o p q r s t u v w x y z

### boot — la botte

Alex puts on boots when it's raining.

Alex met des bottes quand il pleut.

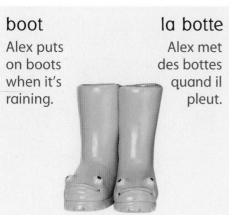

### bottle — la bouteille

plastic and glass bottles

des bouteilles en plastique et en verre

### bottom¹ — le derrière

Jack's bottom is in the circle.

Le derrière de Jack est dans le cercle.

### bottom² — le bas

The kitten is at the bottom of the stairs.

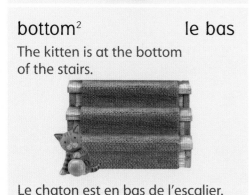

Le chaton est en bas de l'escalier.

### bowl — le bol

a plastic bowl

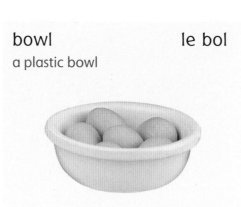

un bol en plastique

### box — la boîte

a cardboard box

une boîte en carton

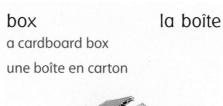

### boy — le garçon

Oliver and Robert are boys.

Oliver et Robert sont des garçons.

### branch — la branche

two birds on a branch

deux oiseaux sur une branche

### brave — courageux (courageuse)

Mr. Sparks is very brave.

Monsieur Sparks est très courageux.

### bread — le pain

a loaf of bread

un pain

### break — casser

Asha has broken the vase.

Asha a cassé le vase.

### breakfast — le petit déjeuner

a healthy breakfast

un petit déjeuner sain

# breathe to burn

**breathe** — respirer

Divers breathe air from tanks.

Les plongeurs respirent l'air des bouteilles.

**bridge** — le pont

The bus is on the bridge.

Le bus est sur le pont.

**bright** — vif (vive)

a bright yellow car

une voiture jaune vif

**bring** — apporter

Jack is bringing his letter to the postbox.

Jack apporte sa lettre à la boîte.

**brush** — la brosse

a hairbrush and a toothbrush

une brosse à cheveux et une brosse à dents

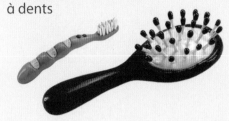

**bucket** — le seau (seaux)

buckets and spades

des seaux et des pelles

**bug** — la bestiole

different coloured bugs

des bestioles de couleurs différentes

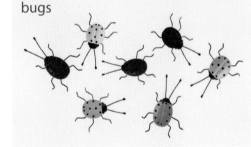

**build** — construire

Billy is building a tower.

Billy construit une tour.

**building** — le bâtiment, l'immeuble (m)

This building has ten floors.

Ce bâtiment a dix étages.

or

Cet immeuble a dix étages.

**bump** — buter, heurter

Mr. Bun is bumping into the dog.

Monsieur Bun bute contre le chien.

**burger** — le hamburger

a burger with cheese

un hamburger avec du fromage

**burn** — brûler

Dad has burnt the burgers.

Papa a brûlé les hamburgers.

a b c d e f g h i j k l m n o p q r s t u v w x y z

a b c d e f g h i j k l m n o p q r s t u v w x y z

## bus — le bus

The bus is going into town.

Le bus va en ville.

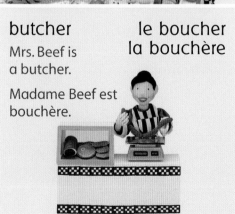

## bush — le buisson

Bushes are smaller than trees.

Les buissons sont plus petits que les arbres.

a bush

un buisson

a tree

un arbre

## busy — occupé

Mr. Bun is busy in the kitchen.

Monsieur Bun est occupé à la cuisine.

## butcher — le boucher / la bouchère

Mrs. Beef is a butcher.

Madame Beef est bouchère.

## butter — le beurre

some butter for my sandwiches

du beurre pour mes sandwichs

## butterfly — le papillon

Butterflies are insects.

Les papillons sont des insectes.

## button — le bouton

four brightly coloured buttons

quatre boutons aux couleurs vives

## buy — acheter

Suzie is buying an apple.

Suzie achète une pomme.

## café — le café

Suzie and her dad are having lunch at the café.

Suzie et son papa déjeunent au café.

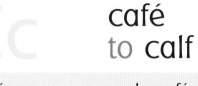

Café Delargo

## cage — la cage

a small cage — une petite cage

## cake — le gâteau

a delicious cake — un gâteau délicieux

## calf — le veau

a cow and her calf

une vache et son veau

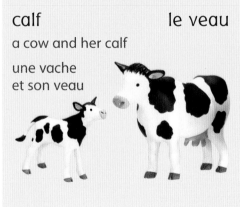

# call to castle

**call**  appeler

Alex is calling Pip.

Viens, Pip!

Alex appelle Pip.

**camel**  le chameau
(chameaux)

A camel can have one or two humps.

Un chameau peut avoir une ou deux bosses.

**camera**  l'appareil photo (m)

This camera is easy to use.

Cet appareil photo est facile à utiliser.

**camp**  faire du camping

They are camping.

Ils font du camping.

**candle**  la bougie

a cake with eight candles

un gâteau avec huit bougies.

**cap**  la casquette

a baseball cap

une casquette de base-ball

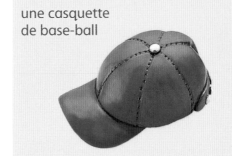

**car**  l'auto (f), la voiture

a sports car

une voiture de sport

**card**  la carte

I have three birthday cards.

J'ai trois cartes d'anniversaire.

**carpet**  la moquette

a room with a blue carpet

une pièce avec de la moquette bleue

**carrot**  la carotte

Carrots are vegetables.

Les carottes sont des légumes.

**carry**  porter

Aggie is carrying some flowers.

Aggie porte des fleurs.

**castle**  le château
(châteaux)

an old castle

un vieux château

a b c d e f g h i j k l m n o p q r s t u v w x y z

# cat to cheap

a b c d e f g h i j k l m n o p q r s t u v w x y z

## cat — le chat

The cat is licking its paw.

Le chat se lèche la patte.

## cave — la grotte

There's a bear in the cave.

Il y a un ours dans la grotte.

## chair — la chaise

a small, blue chair

un petite chaise bleue

## catch — attraper

Jack is catching the ball.

Jack attrape le ballon.

## CD — le CD

my favourite CD

mon CD préféré

## chalk — la craie

a chalk drawing

un dessin à la craie

## caterpillar — la chenille

two caterpillars dancing

deux chenilles qui dansent

## centre — le centre

The fruit is in the centre of the table.

Les fruits sont au centre de la table.

## chase — poursuivre

Polly and Jack are chasing the dogs.

Polly et Jack poursuivent les chiens.

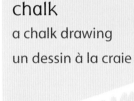

## cauliflower — le chou-fleur

A cauliflower is a vegetable.

Le chou-fleur est un légume.

## cereal — les céréales (f)

I eat cereal for my breakfast.

Je mange des céréales pour mon petit déjeuner.

## cheap — bon marché

Everything is cheap in this shop.

Tout est bon marché dans ce magasin.

## cheese — le fromage
Swiss cheese

du fromage suisse

## chicken — le poulet
I like roast chicken.

J'aime le poulet rôti.

## choose — choisir
Billy is choosing between the apple and the cake.

Billy choisit entre la pomme et le gâteau.

## chef — le chef cuisinier
Mr. Cook is a chef.

Monsieur Cook est chef cuisinier.

## child — l'enfant (m or f)
three children — trois enfants

## city — la grande ville
There are lots of buildings in a city.

Il y a beaucoup d'immeubles dans une grande ville.

## cherry — le cerise
Cherries are red fruit.

Les cerises sont des fruits rouges.

## chin — le menton
Jack's chin — le menton de Jack

## class — la classe
Mr. Levy's class

la classe de monsieur Levy

## chick — le poussin
This hen has five chicks.

Cette poule a cinq poussins.

## chocolate — le chocolat
a bar of chocolate

une tablette de chocolat

## classroom — la salle de classe
our classroom

notre salle de classe

a b c d e f g h i j k l m n o p q r s t u v w x y z

# clean to coin

a b c d e f g h i j k l m n o p q r s t u v w x y z

## clean¹ — nettoyer

Clean the glass! Nettoie la vitre!

## clean² — propre

Neil has clean clothes.

Ben   Neil   Sally

Neil a des vêtements propres.

## climb — grimper

Mr. Sparks is climbing the ladder to rescue the cat.

Monsieur Sparks grimpe à l'échelle pour sauver le chat.

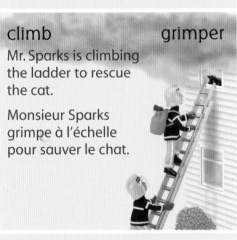

## clock — l'horloge (f), la pendule, (alarm clock) le réveil

My alarm clock is very noisy.

Mon réveil est très bruyant.

## close¹ — fermer

Danny is closing the door.

Danny ferme la porte.

## close² — près

Bill is close to Ben.

Bill est près de Ben.

## clothes — les vêtements (m)

clean clothes   des vêtements propres

## cloud — le nuage

a big, white cloud

un gros nuage blanc

## clown — le clown

Look, the clown is juggling.

Regarde, le clown jongle.

## coat — le manteau (manteaux)

Renata has a lovely red coat.

Renata a un beau manteau rouge.

## coffee — le café

Coffee has a strong taste.

Le café a un goût fort.

## coin — la pièce

Pete has two coins in his hand.

Pete a deux pièces dans la main.

### cold¹     le rhume

| Helen has a bad cold. | Helen a un mauvais rhume. |

### cold²     froid

Ash wears gloves when it's cold.

Ash porte des gants quand il fait froid.

### colour     la couleur

bright colours

des couleurs vives

### comb     le peigne

a comb for my hair

un peigne pour mes cheveux

### come     venir, arriver

The clown is coming to my party.

Le clown vient à ma fête.

The bus comes at one o'clock.

Le bus arrive à 1 heure.

### computer     l'ordinateur (m)

I work on a computer.

Je travaille sur ordinateur.

### cook     faire, faire cuire

| Dad is cooking pancakes. | Papa fait des crêpes. |

### copy     copier

Sally's copying what Polly's doing.

Sally copie ce que fait Polly.

### country¹     le pays

The map shows the countries of Africa.

La carte montre les pays d'Afrique.

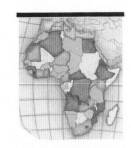

### country²     la campagne

springtime in the country

le printemps à la campagne

### cow     la vache

Milk comes from cows.

Le lait provient des vaches.

### crash     percuter

The car has crashed into the tree.

La voiture a percuté l'arbre.

a b c d e f g h i j k l m n o p q r s t u v w x y z

# crawl to cycle

a b c d e f g h i j k l m n o p q r s t u v w x y z

**crawl**     marcher à quatre pattes

This baby is crawling.

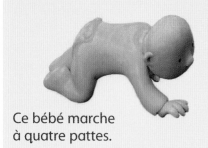

Ce bébé marche à quatre pattes.

**crayon**     le crayon cire

a box of crayons

une boîte de crayons cire

**creep**     se glisser

Anna is creeping into the kitchen.

Anna se glisse dans la cuisine.

**crocodile**     le crocodile

Crocodiles live near water.

Les crocodiles vivent près de l'eau.

**cross¹**     la croix

A cross is made up of two lines.

Une croix est composée de deux traits.

**cross²**     traverser

a good place to cross the street

un bon endroit pour traverser la rue

**crown**     la couronne

Kings and queens wear a crown.

Les rois et les reines portent une couronne.

**cry**     pleurer

Ross is crying because he has tummyache.

Ross pleure parce qu'il a mal au ventre.

**cucumber**     le concombre

slices of cucumber

des rondelles de concombre

**cup**     la tasse

I have my tea in a green cup.

Je prends mon thé dans une tasse verte.

**cut**     couper, (cut out) découper

Danny is cutting a circle.

Danny découpe un cercle.

**cycle**     aller en vélo

Sara cycles to school.

Sara va à l'école en vélo.

## dance — danser

Stef and Laura are dancing together.

Stef et Laura dansent ensemble.

## day — le jour, la journée

The sun shines all day.

Le soleil brille toute la journée.

## delicious — délicieux (délicieuse)

Jack's sandwich is delicious.

Le sandwich de Jack est délicieux.

## dangerous — dangereux (dangereuse)

a dangerous snake

un serpent dangereux

## dear — cher (chère)

Cher Damien,
Merci beaucou... beau cadeau... envoyé. J'ai...

Chère Isabelle,
Un grand merci pour l'invitation à ta fête le 6 avril.
Je viendrai avec plaisir.
Bisous,
Olivia

## dentist — le or la dentiste

I'm not afraid of the dentist.

Je n'ai pas peur du dentiste.

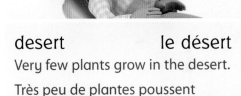

## dark — (night) noir, (colour) foncé

dark blue
bleu foncé

## deep — profond

a deep hole
un trou profond

## desert — le désert

Very few plants grow in the desert.

Très peu de plantes poussent dans le désert.

## date — la date

What's the date today?

Quelle est la date aujourd'hui?

## deer — le cerf

Deer live on hills and in woods.

Les cerfs vivent dans les collines et dans les bois.

## desk — le bureau (bureaux)

My desk has six drawers.

Mon bureau a six tiroirs.

a b c d e f g h i j k l m n o p q r s t u v w x y z

a b c d e f g h i j k l m n o p q r s t u v w x y z

## dictionary · le dictionnaire

A dictionary can explain what words mean.

Un dictionnaire peut expliquer ce que les mots veulent dire.

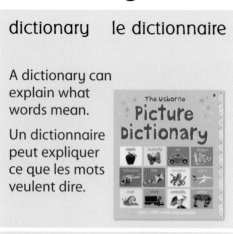

## dig · creuser

Anna is digging a hole.

Anna creuse un trou.

## dirty · sale

Sally's clothes are very dirty.

Les vêtements de Sally sont très sales.

## die · mourir

My plant is dying because of the heat.

Ma plante meurt à cause de la chaleur.

## digger · la pelleteuse

a big, yellow digger

un grande pelleteuse jaune

## disappear · disparaître

Polly's dog has disappeared.

Le chien de Polly a disparu.

## different · différent

The twins wear different colours.

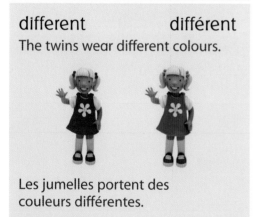

Les jumelles portent des couleurs différentes.

## dinner · le dîner

Robert is having his dinner.

Robert prend son dîner.

## dive · plonger

Jack is diving into the pool.

Jack plonge dans la piscine.

## difficult · difficile

It's difficult to take care of two babies at the same time.

C'est difficile de s'occuper de deux bébés en même temps.

## dinosaur · le dinosaure

an enormous dinosaur

un dinosaure énorme

## diver · le plongeur

The diver is looking for coral.

Le plongeur cherche du corail.

# do to dream

## do — faire

Jenny is doing
a jigsaw puzzle.

Jenny fait un puzzle.

I'm doing
some cooking.

Je fais de
la cuisine.

## dolphin — le dauphin

A dolphin isn't a fish.

Le dauphin n'est pas un poisson.

## dragon — le dragon

A dragon
is a kind
of monster.

Un dragon est
une espèce
de monstre.

## doctor — le médecin

This doctor
is taking care
of Kirsty.

Le médecin
s'occupe
de Kirsty.

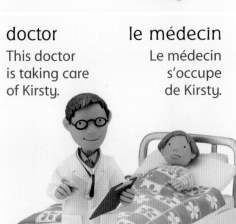

## donkey — l'âne (m)

A donkey looks like a small horse.

Une âne
ressemble à
un petit
cheval.

## draw — dessiner

Molly is
drawing
a face.

Molly
dessine
un visage.

## dog — le chien

a nice dog — un chien gentil

## door — la porte

The front door is red.

La porte d'entrée est rouge.

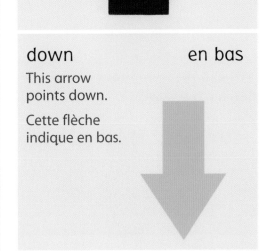

## drawing — le dessin

Here's Molly's
drawing.

Voici
le dessin
de Molly.

## doll — la poupée

What's your doll's name?

Comment
s'appelle
ta poupée?

## down — en bas

This arrow
points down.

Cette flèche
indique en bas.

## dream — le rêve

Adam is having a strange dream.

Adam fait un rêve étrange.

a b c d e f g h i j k l m n o p q r s t u v w x y z

a b c d e f g h i j k l m n o p q r s t u v w x y z

### dress¹ — la robe

Anya is wearing a red dress with white flowers.

Anya porte une robe rouge à fleurs blanches.

### dress² — s'habiller

Robert is dressing himself.

Robert s'habille.

### drink — boire

Polly is drinking orange juice.

Polly boit du jus d'orange.

### drive — conduire

Mick is driving a dumper truck.

Mick conduit un tombereau.

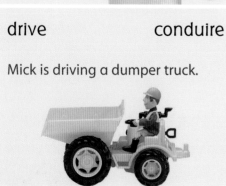

### drop¹ — la goutte

two drops of water

deux gouttes d'eau

### drop² — laisser tomber

Ellie has dropped her cake.

Ellie a laissé tomber son gâteau.

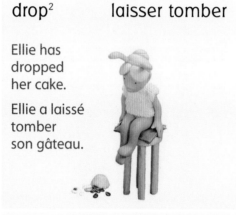

### drum — le tambour

a red drum

un tambour rouge

### dry¹ — sécher

Anna is drying herself with a blue towel.

Anne se sèche avec une serviette bleue.

### dry² — sec (sèche)

The clothes are dry.

Les vêtements sont secs.

### duck — le canard

There is a duck on the water.

Il y a un canard sur l'eau.

### duckling — le caneton

How many ducklings are there?

Combien de canetons y a-t-il?

### dull — (colour) terne, (story) sans intérêt

a dull green

un vert terne

a dull book

un livre sans intérêt

## eagle    l'aigle (m)

a big, brown eagle

un grand aigle marron

## ear    l'oreille (f)

Polly is pointing to Jack's ear.

Polly indique l'oreille de Jack.

## early    tôt

Lucy is arriving early at the party.

Lucy arrive tôt à la fête.

## Earth    la Terre

The Earth is our planet.

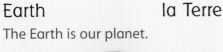

La Terre est notre planète.

## easy    facile

an easy sum

un calcul facile

# 1+1=?

My book is easy to read.

Mon livre est facile à lire.

## eat    manger

Oliver is eating green apples.

Oliver mange des pommes vertes.

## edge    le bord

The crayon is on the edge of the table.

Le crayon cire est au bord de la table.

## egg    l'œuf (m)

We eat hen's eggs.

Nous mangeons les œufs de poule.

## elbow    le coude

Jack is pointing to his elbow.

Jack indique son coude.

## electricity    l'électricité (f)

A television needs electricity to work.

Une télévision a besoin d'électricité pour marcher.

## elephant    l'éléphant (m)

an African elephant

un éléphant d'Afrique

## email    l'e-mail (m)

Polly is sending an email.

Polly envoie un e-mail.

a b c d e f g h i j k l m n o p q r s t u v w x y z

# empty to eye

## empty — vide

The cookie jar is empty.

La boîte à biscuits est vide.

## envelope — l'enveloppe (f)

a pale green envelope

une enveloppe vert clair

## evening — le soir

The sun sets in the evening.

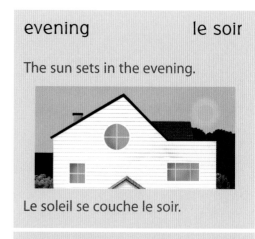

Le soleil se couche le soir.

## end — (day, story) la fin, (table, rope) le bout

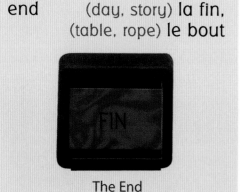

FIN

The End

## equal — égal *

The two friends have equal amounts.

Les deux amies ont des quantités égales.

## expensive — cher (chère)

The car is more expensive than the duck.

15

4

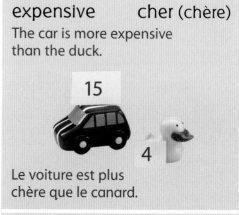

Le voiture est plus chère que le canard.

## enjoy — (something) aimer, (yourself) s'amuser

Molly enjoys singing.

Molly aime chanter.

## escape — s'échapper

The black cat is escaping.

Le chat noir s'échappe.

## explain — expliquer

Mr. Levy is explaining these sums.

Monsieur Levy explique ces additions.

$2+3 =$
$5+4 =$
$8+5 =$

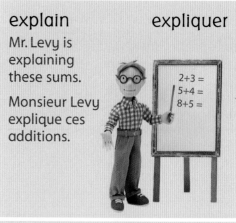

## enormous — énorme

an enormous blue whale

une énorme baleine bleue

## even — pair

The pink bunny is jumping on the even numbers.

Le lapin rose saute sur les nombres pairs.

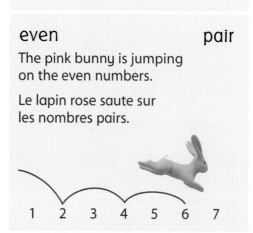

1  2  3  4  5  6  7

## eye — l'œil (m) (yeux)

Jack is pointing to Polly's eye.

Jack indique l'œil de Polly.

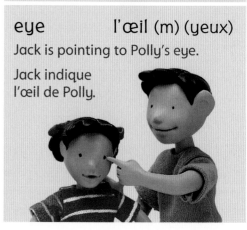

* masculine plural form: égaux

**face** — le visage, la figure

This is Jack's face.

Voici le visage de Jack.

or
Voici la figure de Jack.

**face** — faire face

One giraffe is facing the other.

Une girafe fait face à l'autre.

**fact** — le fait

The fact is that babies sleep a lot.

Le fait est que les bébés dorment beaucoup.

**fairy** — la fée

This fairy has a magic wand.

Cette fée a une baguette magique.

**fall** — tomber

When the clown falls, everyone laughs.

Quand le clown tombe, tout le monde rit.

**far** — loin

The butcher's shop isn't far.

La boucherie n'est pas loin.

**farm** — la ferme

There are sheep on this farm.

Il y a des moutons dans cette ferme.

**farmer** — le fermier

Mike is a farmer.

Mike est fermier.

**fast** — vite

Eric goes very fast on his skis.

Eric va très vite sur ses skis.

**fat** — gros (grosse)

a fat cat
un gros chat

**feed** — donner à manger

Polly is feeding the hens.

Polly donne à manger aux poules.

**feel** — (touch) toucher, (happy or sad) se sentir

Feel this silk!    Touche cette soie!

Beth is feeling great.

Beth se sent en forme.

a b c d e f g h i j k l m n o p q r s t u v w x y z

# fence to first

**fence**     **la palissade**

the garden fence

la palissade du jardin

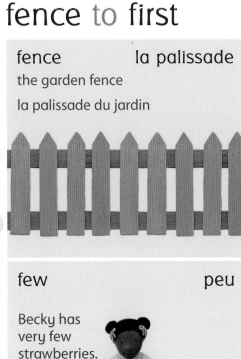

**few**     **peu**

Becky has very few strawberries.

Becky a très peu de fraises.

**field**     **le champ**

There are some cows in the field.

Il y a des vaches dans le champ.

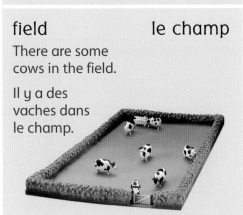

**fight**     **sa battre**

The children are fighting with cushions.

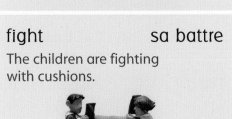

Les enfants se battent avec des coussins.

**fill**     **remplir**

Ivan fills his wheelbarrow with sand.

Ivan remplit sa brouette de sable.

**find**     **trouver**

Megan is finding crayons under the table.

Megan trouve des crayons cire sous la table.

**finger**     **le doigt**

Jack is pointing to his finger.

Jack indique son doigt.

**finish**     **finir**

Danny is finishing his drink.

Danny finit sa boisson.

**fire**     **le feu (feux),**
(house on fire) **l'incendie (m)**

a wood fire

un feu de bois

**fire engine**     **la voiture de pompiers**

the new fire engine

la voiture de pompiers neuve

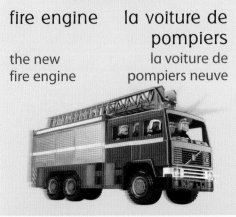

**firefighter**     **le pompier**

Firefighters put out fires.

Les pompiers éteignent les incendies.

**first**     **premier (première)**

Jenny is first.

Jenny est la première.

## fish¹ — le poisson

I have some tropical fish.

J'ai des poissons tropicaux.

## fish² — pêcher

Karl likes fishing.

Karl aime pêcher.

## fit¹ — être à la taille

This sweater doesn't fit Jenny.

Ce pull n'est pas à la taille de Jenny.

## fit² — en forme

Alice plays tennis to keep fit.

Alice joue au tennis pour se maintenir en forme.

## fix — (mend) réparer, (attach) attacher

Eve is fixing her doll.

Eve répare sa poupée.

She is fixing the head on with glue.

Elle attache la tête avec de la colle.

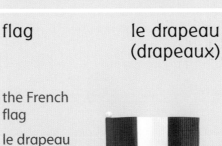

## flag — le drapeau (drapeaux)

the French flag

le drapeau de la France

## flat — plat

A plank is a flat piece of wood.

Une planche est un morceau de bois plat.

## float — flotter

The yellow duck is floating.

Le canard jaune flotte.

## flood — l'inondation (f)

There are often floods here.

Il y a souvent des inondations ici.

## floor — la terre

There are lots of toys on the floor.

Il y a beaucoup de jouets par terre.

## flour — la farine

Here's some flour for making bread.

Voici de la farine pour faire du pain.

## flower — la fleur

Roses are my favourite flowers.

Les roses sont mes fleurs préférées.

a b c d e f g h i j k l m n o p q r s t u v w x y z

**fly¹**　　　la mouche

A fly is an insect.

La mouche est un insecte.

**food**　　les aliments (m)

special food for the party

des aliments spéciaux pour la fête

**fork**　　la fourchette

a blue fork

une fourchette bleue

**fly²**　　voler

These two birds are flying.

Ces deux oiseaux volent.

**foot**　　le pied

Your foot is at the end of your leg.

Le pied est au bout de la jambe.

**fox**　　le renard

This fox has red fur.

Ce renard a des poils roux.

**foal**　　le poulain

The foal is on the left.

Le poulain est à gauche.

**forest**　　la forêt

a forest of fir trees

une forêt de sapins

**free**　　(no cost) gratuit, (not restricted) libre

One pot is free.

Un pot est gratuit.

1 ACHETÉ 1 GRATUIT!

BUY 1, GET 1 FREE!

This space is free.

Cette place est libre.

**fold**　　plier

Clive is folding the orange paper.

Clive plie le papier orange.

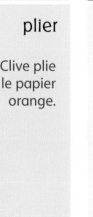

**forget**　　oublier

Jan has forgotten the way.

Jan a oublié la route.

**freeze**　　geler, (something) congeler

The water's freezing.

L'eau gèle.

# freezer to fur

**freezer**     le congélateur
This freezer is filled with food.
Ce congélateur est rempli d'aliments.

**fresh**     frais (fraîche)
Mrs. Martin sells fresh fruit.
Madame Martin vend des fruits frais.

**friend**     l'ami (m), l'amie (f)
Ellie's friends are coming to the party.

Les amis d'Ellie viennent à sa fête.

**friendly**     sympa*
Mandy's dog is very friendly.
Le chien de Mandy est très sympa.

* "sympa" is short for "sympathique", and it is the same for both masculine and feminine.

**frog**     la grenouille
This frog comes from South America.
Cette grenouille vient d'Amérique du Sud.

**front**     avant
The front door is open.

La portière avant est ouverte.

**fruit**     le fruit
a bowl of fruit
une coupe de fruits

**fry**     faire frire
Dad is frying some eggs.
Papa fait frire des œufs.

**full**     plein
Greg's trolley is full.
Le chariot de Greg est plein.

**fun**     amusant
It's fun going on the roundabout.

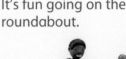

C'est amusant d'aller sur le tourniquet.

**funny**     drôle, (strange) curieux (curieuse)
Jack is telling a funny story.
Jack raconte une histoire drôle.

**fur**     les poils (m), (on clothes) la fourrure
This kitten has soft fur.
Ce chaton a des poils doux.

a fur hat
un chapeau en fourrure

a b c d e f g h i j k l m n o p q r s t u v w x y z

# Gg game to give

a b c d e f g h i j k l m n o p q r s t u v w x y z

## game — le jeu (jeux)

a game of basketball

un jeu de basket

## gentle — doux (douce)

Pip is a gentle dog.

Pip est un chien doux.

## gift — le cadeau (cadeaux)

Becky has a gift for Polly's birthday.

Becky a un cadeau pour l'anniversaire de Polly.

## garden — le jardin

There are lots of flowers in Aggie's garden.

Il y a beaucoup de fleurs dans le jardin d'Aggie.

## gerbil — la gerbille

A gerbil is a small animal.

La gerbille est un petit animal.

## giraffe — la girafe

A giraffe is an African animal.

La girafe est un animal d'Afrique.

## gas — le gaz

This balloon is filled with gas.

Ce ballon est gonflé au gaz.

## ghost — le fantôme

I don't believe in ghosts.

Je ne crois pas aux fantômes.

## girl — la fille

three little girls

trois petites filles

## gate — la barrière

The garden has a blue gate.

Le jardin a une barrière bleue.

## giant — le géant

a friendly giant

un géant sympa

## give — donner

Ethan is giving Jenny some wagons.

Ethan donne des wagons à Jenny.

## glad — content

Sally is glad to see Jenny.

Sally est contente de voir Jenny.

## glass — le verre

Windows are made with glass.

Les fenêtres sont fabriquées avec du verre.

a glass of milk

un verre de lait

## glasses — les lunettes (f)

Dad and Granny wear glasses.

Papa et Mamie portent des lunettes.

## glove — le gant

Polly has some red gloves.

Polly a des gants rouges.

## glue — la colle

Danny is making a picture with paper and glue.

Danny fait un tableau avec du papier et de la colle.

## go — aller

The cars are going into the ferry.

Les voitures vont dans le car-ferry.

## goal — le but

Our team has scored a goal.

Notre équipe a marqué un but.

GOAL!  BUT!

## goat — la chèvre

Goats climb hills very well.

Les chèvres grimpent très bien dans les collines.

## gold — l'or (m), (golden) doré

Gold is a precious metal.

L'or est un metal précieux.

## good — bon (bonne), (well done) bien fait, (child) sage

a good meal

un bon repas

This is good work.

Voici du travail bien fait.

$3 + 3 = 6$ ✓
$2 + 5 = 7$ ✓
$8 - 6 = 2$ ✓
$4 + 1 = 5$ ✓

Be good!  Sois sage!

## goodbye — au revoir

Polly is saying goodbye to her friends.

Polly dit au revoir à ses amis.

Au revoir!

## goose — l'oie (f)

There are often geese on farms.

Il y a souvent des oies à la ferme.

a b c d e f g h i j k l m n o p q r s t u v w x y z

# grape to guitar

a b c d e f g h i j k l m n o p q r s t u v w x y z

**grape**      le raisin

a bunch of grapes

une grappe
de raisin

**ground**      le sol

Polly is looking at
ants on the ground.

Polly regarde
des fourmis
sur le sol.

**guess**      deviner

Is Polly going to guess
what's in the box?

Est-ce que Polly
va deviner ce
qu'il y a dans
la boîte?

**grapefruit**
     le pamplemousse

I like grapefruit    J'aime les
with      pamplemousses
sugar.      avec du sucre.

**group**      le groupe

a group of children

un groupe d'enfants

**guest**      l'invité (m),
     l'invitée (f)

Ellie is welcoming the guests.

Ellie accueille les invités.

**grass**      l'herbe (f)

Cows and sheep eat grass.

Les vaches et les moutons
mangent de l'herbe.

**grow**      pousser

My plant      Ma plante
is growing      pousse
very fast.      très vite.

**guinea pig**      le cochon
     d'Inde

A guinea pig is a small pet animal.

Le cochon d'Inde est un petit
animal domestique.

**great**    (big) grand, gros,
   (fantastic) super*, génial

a great effort    un grand effort

a great day at the beach

une super
journée
à la plage

**grown-up**      la grande
     personne

Grown-ups are
always chatting.

Les grandes
personnes
discutent
toujours.

**guitar**      la guitare

A guitar is an
instrument with
six strings.

La guitare
est un
instrument
à six cordes.

* "super" is both masculine and feminine.

**hair**   les cheveux (m)

Rosie and Katie have fair hair.

Rosie et Katie ont les cheveux blonds.

**hairbrush**   la brosse

I have a red hairbrush.

J'ai une brosse rouge.

**half**   le demi, la demie, (portion) la moitié

half the bun

la moitié du petit pain

**hamburger**   le hamburger

Dad's making hamburgers.

Papa fait des hamburgers.

**hammer**   le marteau (marteaux)

a hammer for doing DIY

un marteau pour faire du bricolage

**hamster**   le hamster

Hamsters eat nuts and seeds.

Les hamsters mangent des noix et des graines.

**hand**   la main

This is Jack's left hand.

Voici la main gauche de Jack.

**handle**   (door) la clenche, (knife, pan) le manche

a door handle   une clenche de porte

**hang**   pendre, (put up) accrocher

Jack is hanging his jacket.

Jack pend son blouson.

**happen**   arriver, se passer

What's happening here?

Qu'est-ce qu'il se passe ici?

**happy**   content, heureux (heureuse)

Sally is feeling very happy today.

Sally se sent très heureuse aujourd'hui.

**hard**   dur

a hard job

un travail dur

hard ground

un sol dur

a b c d e f g h i j k l m n o p q r s t u v w x y z

# hat to helmet

## hat — le chapeau (chapeaux)

I have an orange hat with a flower.

J'ai un chapeau orange avec une fleur.

## hear — entendre

Jack can hear the dog barking.

Woof woof!

Wouah wouah!

Jack entend le chien qui aboie.

## height — la taille

Dad is checking Milo's height.

Papa vérifie la taille de Milo.

## hate — détester

Maddy hates spiders.

Maddy déteste les araignées.

## heart — le cœur

My heart is beating fast.

Mon coeur bat vite.

heart shaped

en forme de cœur

## helicopter — l'hélicoptère (m)

an emergency helicopter

un hélicoptère des secours

## have — avoir

Julia has some new red shoes.

Julia a des chaussures rouges neuves.

Poor Helen has a cold.

La pauvre Helen a une rhume.

## heat — chauffer

Yvonne is heating coffee in the microwave.

Yvonne chauffe du café dans le micro-ondes.

## hello — bonjour, (to friends) salut

Lisa is saying hello to her sister.

Salut!

Lisa dit bonjour à sa sœur.

## head — la tête

Polly's head is in the circle.

La tête de Polly est dans le cercle.

## heavy — lourd

The boys are trying to move a heavy parcel.

Les garçons essaient de déplacer un paquet lourd.

## helmet — le casque

Grace wears a helmet for skateboarding.

Grace porte un casque pour faire de la planche à roulettes.

# help to honey

## help — aider

Jack is helping his dad with the cooking.

Jack aide son papa à la cuisine.

## hen — la poule

Most eggs come from hens.

Le plupart des œufs proviennent des poules.

## hide — (things) cacher, (yourself) se cacher

The clown is hiding behind the armchair.

Le clown se cache derrière le fauteuil.

## high — haut

The balloon is high in the sky.

La montgolfière est très haut dans le ciel.

a high building

un immeuble haut

## highchair — la chaise haute

Small children have highchairs.

Les petits enfants ont des chaises hautes.

## hill — la colline

The house is at the top of the hill.

La maison est au sommet de la colline.

## hippopotamus (or hippo) — l'hippopotame (m)

Hippos live in Africa.

Les hippopotames vivent en Afrique.

## hit — frapper

Alice is hitting the ball with her racket.

Alice frappe la balle avec sa raquette.

## hold — (in your hands) tenir, (contain) contenir

Neil is holding the cup.

Neil tient la coupe.

How many does the box hold?

Combien contient la boîte?

## hole — le trou

There's a hole in this sweater.

Il y a un trou dans ce pull.

## home — la maison

This is our home.

Voici notre maison.

## honey — le miel

Honey is very sweet.

Le miel est très sucré.

a b c d e f g h i j k l m n o p q r s t u v w x y z

a b c d e f g h i j k l m n o p q r s t u v w x y z

## hop — sauter à cloche-pied

Anna is hopping.

Anna saute à cloche-pied.

## hotdog — le hot-dog

A hotdog is a sausage on a bun.

Un hot-dog est une saucisse avec un petit pain.

## hug — embrasser

Nicholas is hugging his teddy bear.

Nicholas embrasse son nounours.

## horse — le cheval (chevaux)

Martin's horse is named Star.

Le cheval de Martin s'appelle Star.

## hotel — l'hôtel (m)

Mr. Brand is spending his vacation at this hotel.

Monsieur Brand passe ses vacances a cet hôtel.

## (to be) hungry — avoir faim

Oliver is very hungry.

Oliver a très faim.

## hospital — l'hôpital (m) (hôpitaux)

This is the new hospital.

Voici le nouvel hôpital.

## hour — l'heure (f)

The little hand on a clock shows the hours.

La petite aiguille de l'horloge indique les heures.

## hurry — se dépêcher

Jack and Polly are hurrying to catch the dog.

Jack et Polly se dépêchent pour rattraper le chien.

## hot — chaud

Careful, it's hot!

Attention, c'est chaud!

## house — la maison

a family house

une maison de famille

## hurt — faire mal

Ow! It hurts!

Aïe! Ça fait mal!

**ice**     la glace, (cube) le glaçon

snow and ice     la neige et la glace

**ice cream**     la glace

different flavours of ice cream

de la glace à différents parfums

**idea**     l'idée (f)

Andy has an idea: Let's go and play in the park!

Allons jouer au parc!

Andy a une idée.

**insect**     l'insecte (m)

These minibeasts are all insects.

Ces petites bêtes sont toutes des insectes.

**inside**     à l'intérieur, (in) dans

The kitten is inside the flowerpot.

Le chaton est à l'intérieur du pot de fleurs

or Le chaton est dans le pot de fleurs.

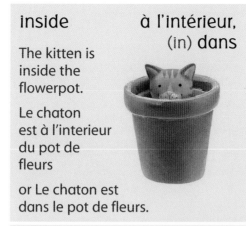

**instead**     au lieu

Mrs. Dot has made iced tea instead of fruit juice today.

J'ai fait du thé glacé au lieu de jus de fruits aujourd'hui.

**Internet**     Internet (m)

Polly is searching the Internet.

Polly fait des recherches sur Internet.

**invitation**     l'invitation (f)

a party invitation     une invitation à la fête

Isabelle t'invite à sa
Fête d'anniversaire
le samedi 6 avril
à 4 heures
RSVP

**invite**     inviter

Imogen is inviting Martin to her party.

Est-ce que tu veux venir à ma fête?

Imogen invite Martin à sa fête.

**iron**     le fer (à repasser)

This is a steam iron.     Voici un fer à vapeur.

**island**     l'île (f)

a desert island     une île déserte

**itch**     démanger

Fred's ear itches.

L'oreille de Fred le démange.

a b c d e f g h i j k l m n o p q r s t u v w x y z

**jacket** — la veste, (man's casual) le blouson

Kathy is wearing a yellow jacket.

Kathy porte une veste jaune.

**job** — l'emploi (m)

Aggie has a job as a gardener.

Aggie a un emploi de jardinière.

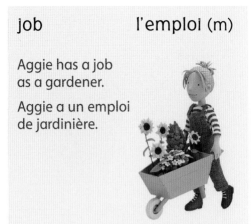

**juggle** — jongler

This clown is juggling with some toys.

Le clown jongle avec des jouets.

**jar** — le pot

jars of honey, mustard and jam

des pots de miel, de moutarde et de confiture

**join** — (attach) attacher, (become a member) s'inscrire

Ethan is joining the wagons to the train.

Ethan attache les wagons au train.

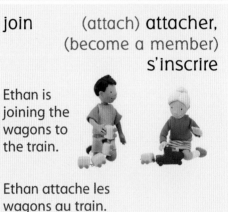

**juice** — le jus

orange juice

du jus d'orange

**jeans** — le jean

My jeans are too big.

Mon jean est trop grand.

**joke** — la blague

Jack's joke:

La blague de Jack:

What animal goes zzzub?

Quel animal fait zzzb?

Une abeille en marche arrière!

A bee going backwards!

**jump** — sauter

Sally is jumping because she's happy.

Sally saute parce qu'elle est contente.

**jigsaw** — le puzzle

This jigsaw is easy.

Ce puzzle est facile.

**journey** — le voyage

a train journey

un voyage par le train

**jungle** — la jungle

There are lots of plants and animals in the jungle.

Il y a beaucoup de plantes et d'animaux dans la jungle.

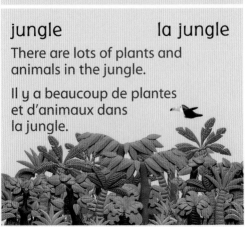

# Kk    kangaroo to kite

**kangaroo**    le kangourou

A kangaroo is an Australian animal.

Le kangourou est un animal d'Australie.

**kid**    le chevreau (chevreaux)

a goat and her kid

une chèvre et son chevreau

**king**    le roi

Adam is dressed up as a king.

Adam est déguisé en roi.

**keep**    garder

Sam keeps his things on the shelf.

Sam garde ses affaires sur l'étagère.

I'm keeping supper hot.

Je garde le diner chaud.

**kill**    tuer

The heat has killed my plant.

La chaleur a tué ma plante.

**kiss**    donner un baiser

Polly is kissing Alex.

Polly donne un baiser à Alex.

**key**    la clé, la clef

the front-door key

la clé de la porte d'entrée

or
la clef de la porte d'entrée

**kind¹**    l'espèce (f)

different kinds of fruit

différentes espèces de fruits

**kitchen**    la cuisine

Dad and Jack are in the kitchen.

Pape et Jack sont dans la cuisine.

**kick**    donner un coup de pied

Neil is kicking the ball.

Neil donne un coup de pied dans le ballon.

**kind²**    gentil (gentille)

Mr. Dot is kind. He does his neighbour's shopping.

Monsieur Dot est gentil. Il fait les courses pour son voisin.

**kite**    le cerf-volant

a red and yellow kite

un cerf-volant rouge et jaune

a b c d e f g h i j k l m n o p q r s t u v w x y z

a b c d e f g h i j k l m n o p q r s t u v w x y z

## kitten — le chaton

The kitten is playing with a ball of wool.

Le chaton joue avec un peloton de laine.

## knee — le genou (genoux)

This is Polly's right knee.

Voici le genou droit de Polly.

## kneel (down) — s'agenouiller, (be kneeling) être à genoux

Suzie is kneeling.

Suzie est à genoux.

## knife — le couteau (couteaux)

I need a knife to butter my bread.

J'ai besoin d'un couteau pour beurrer mon pain.

## knight — le chevalier

This knight has shiny armour.

Ce chevalier a une armure brillante.

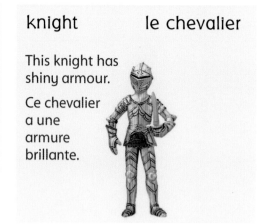

## knock — heurter, (over) renverser

Pip has knocked the chair over.

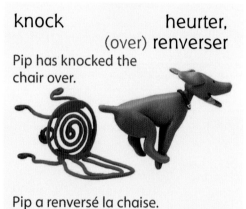

Pip a renversé la chaise.

## knot — le nœud

a simple knot

un nœud simple

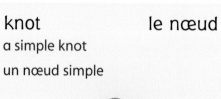

## know (people) connaître, (facts) savoir

Sam knows these children.

Sam connaît ces enfants.

I know he is angry.

Je sais qu'il est fâché.

## ladder — l'échelle (f)

a small ladder

une petite échelle

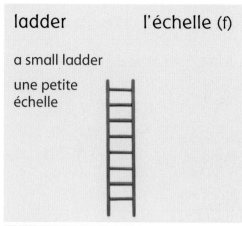

## lady — la dame

These ladies are chatting.

Ces dames discutent.

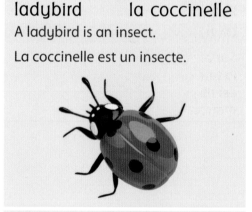

## ladybird — la coccinelle

A ladybird is an insect.

La coccinelle est un insecte.

## lake — le lac

There is a small lake in the hills.

Il y a petit lac dans les collines.

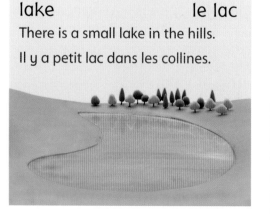

# lamb to lean

**lamb**     **l'agneau (m)**
(agneaux)

A lamb is a baby sheep.

L'agneau est un bébé mouton.

**lamp**     **la lampe**

Here are two small lamps.

Voici deux
petites lampes.

**land**     **la terre**

On this map, the land is in brown.

Sur cette carte,
la terre
est en
marron.

**language**     **le langage,**
(foreign) **la langue**

Guten Tag!

¡Buenos días!

They can speak foreign languages.

Ils parlent des langues étrangères.

**large**     **grand, gros**
(grosse)

Becky is
under a
large tree.

Becky est
sous un
grand arbre.

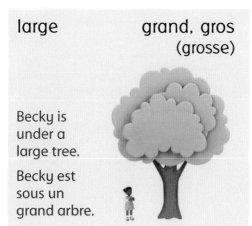

**last**     **dernier**
(dernière)

The black dog is last.

Le chien noir est le dernier.

**late**     (not on time)
**en retard,**
(near the end) **tard**

The bus is
always late.

Le bus est
toujours
en retard.

**laugh**     **rire**

Jack and Polly are laughing.

Jack et Polly rient.

Ha ha
ha

Hi hi
hi

**lazy**     **paresseux**
(paresseuse)

a lazy cat

un chat paresseux

**lead**     **mener**

The duck is leading her ducklings.

La cane mène ses canetons.

This road leads to the village.

Cette route mène au village.

**leaf**     **la feuille**

leaves from a tree

des feuilles d'arbre

**lean**     **pencher,**
(people) **se pencher**

the Leaning
Tower of Pisa

la Tour
penchée
de Pise

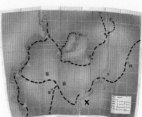

a b c d e f g h i j k l m n o p q r s t u v w x y z

# learn to lick

a b c d e f g h i j k l m n o p q r s t u v w x y z

**learn**        **apprendre**

Steve is learning to play the guitar.

Steve apprend à jouer de la guitare.

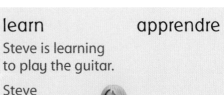

**lemon**        **le citron**

seven fresh lemons      sept citrons frais

**let**        **laisser**

Mr. Dot is letting Jack post his letter.

Monsieur Dot laisse Jack mettre sa lettre à la poste.

**leave**    (a place) **partir,** (something) **laisser**

Mr. Bun is leaving now.

Monsieur Bun part maintenant.

I've left my bag at home.

J'ai laissé mon sac à la maison.

**length**        **la longueur**

a ruler to measure the length of paper

une règle pour mesurer la longueur du papier

**letter**        **la lettre**

a letter to a friend

une lettre à une amie

22 avenue de Sieste
96500 Bailly

le 31 mars

Chère Babette,

Merci beaucoup pour le joli sac que tu m'as donné. Je l'apporte à l'école tous les jours.

Bisous, Olivia

**left**        **gauche**

Lisa is holding the crayon in her left hand.

Lisa tient le crayon cire dans la main gauche.

**less**        **moins**

Ethan has less ice cream than Olivia.

Ethan a moins de glace qu'Olivia.

**lettuce**        **la laitue, la salade**

There is often lettuce in mixed salads.

Il y a souvent de la laitue dans les salades composées.

**leg**        **la jambe**

Tamsin is wearing stripy tights on her legs.

Tamsin porte un collant rayé sur les jambes.

**lesson**        **la leçon**

Mr. Levy is giving a maths lesson.

Monsieur Levy donne une leçon de math.

$2 + 4 = 6$

**lick**        **lécher**

Pip is licking Jack.

Pip lèche Jack.

# lid to lip

**lid** — **le couvercle**

the lid of the mustard jar

le couvercle du pot de moutarde

**lie¹** (lie down) **se coucher,** (be lying) **être couché**

Kirsty is lying in bed.

Kirsty est couché dans son lit.

**lie²** — **mentir**

Oliver is lying.

Oliver ment.

**life** — **la vie**

Granny and Granddad have had long, happy lives.

Mamie et Papi ont eu une longue vie heureuse.

**lift** — **soulever**

The clown is lifting a tree.

Le clown soulève un arbre.

**light¹** — **la lumière**

This lamp gives a lot of light.

Cette lampe donne beaucoup de lumière.

Switch off the lights!

Éteignez la lumière!

**light²** (colour) **clair,** (not heavy) **léger (légère)**

light pink

rose clair

light as a feather

léger comme une plume

**like¹** — **aimer**

Becky likes strawberries.

Becky aime les fraises.

**like²** — **comme**

Sara has black hair, like her brother.

Sara a les cheveux noirs, comme son frère.

**line** (in drawing) **le trait,** (of people) **la rangée, la file**

a line of footballers

une rangée de joueurs de foot

**lion** — **le lion**

A lion is a wild animal.

Le lion est un animal sauvage.

**lip** — **la lèvre**

Zach's top lip

la lèvre supérieure de Zach

a b c d e f g h i j k l m n o p q r s t u v w x y z

# list to lunch

a b c d e f g h i j k l m n o p q r s t u v w x y z

**list**      **la liste**

a list of
first names

une liste de
prénoms

**long**      **long (longue)**

A giraffe
has a very
long neck.

La girafe
a un très
long cou.

**loud**      **fort**

The music is very loud.

La musique est très forte.

---

**live**     (in a place) **habiter,**
     (be alive) **vivre**

The Dot family live here.

La famille Dot habite ici.

**look**      **regarder**

Polly is looking at the clown.

Polly regarde
le clown.

**love**    (people) **aimer,**
     (things) **adorer**

Beth loves
having her bath.

Bath adore prendre son bain.

---

**lock**      **la serrure**

I need the
key for
this lock.

J'ai besoin
de la clé de
cette serrure.

lock
la serrure —

**lose**      **perdre**

I've lost my ticket.

J'ai perdu mon billet.

The boys have
lost the match.

Les garçons
ont perdu
la partie.

**low**      **bas (basse)**

This bird is flying very low.

Cet oiseau vole très bas.

---

**log**      **la bûche**

a log for the fire

une bûche
pour le feu

**(a) lot**      **beaucoup**

a lot of teddies

beaucoup de nounours

**lunch**      **le déjeuner**

Sally is
eating
pizza
for lunch.

Sally mange
de la pizza
pour son
déjeuner.

**machine**     la machine

a sewing machine

une machine à coudre

**magic**     la magie

The clown is doing some magic.

Le clown fait de la magie.

**main**     principal*

the main entrance of the museum

l'entrée principale du musée

**make**     faire

Ethan is making a potato person.

Ethan fait un bonhomme avec une pomme de terre.

**man**     l'homme (m)

This man has black hair.

Cet homme a les cheveux noirs.

**many**     beaucoup

There are many bees on this flower.

Il y a beaucoup d'abeilles sur cette fleur.

**map**     la carte

a map of the region

une carte de la région

**market**     le marché

the fruit and vegetable market     le marché des fruits et légumes

**match¹**     (game) le match, la partie, (for fire) l'allumette (f)

a football match

un match de foot

I have only one match.

Je n'ai qu'une allumette.

**match²**     faire la paire, être assorti

These socks match.

Ces chaussettes font la paire.

These socks don't match.

Ces chaussettes ne font pas la paire.

**matter**     être important

Winning matters a lot to Neil and his team.

Gagner, c'est très important pour Neil et son équipe.

**meal**     le repas

The meal is ready.

Le repas est prêt.

* masculine plural form: principaux

a b c d e f g h i j k l **m** n o p q r s t u v w x y z

# mean to milk

a b c d e f g h i j k l m n o p q r s t u v w x y z

## mean — vouloir dire

Mr. Levy is explaining what "x" means.

Monsieur Levy explique ce que veut dire "x".

## meet — (by chance) rencontrer, (by arrangement) retrouver

Polly has met Lisa at the market.

Polly a rencontré Lisa au marché.

## metal — le métal (métaux)

This bucket is made of metal.

Ce seau est en métal.

## measure — mesurer

Dad is measuring Milo's height.

Papa mesure la taille de Milo.

## mend — raccommoder

Robert is mending his shirt.

Robert raccommode sa chemise.

## microwave — le micro-ondes, le four à micro-ondes

a new microwave

un four à micro-ondes neuf

## meat — la viande

Chicken is a kind of meat.

Le poulet est une sorte de viande.

## mess — le désordre

What a mess! — Quel désordre!

## middle — le milieu (milieux)

This bear is in the middle of the grass.

L'ours est au milieu de l'herbe.

## medicine — le médicament

cough medicine — un médicament pour la toux

## message — le message

There's a message for Mrs. Dot to call Paula.

Il y a un message pour Madame Dot.

MAMAN! TU PEUX APPELER PAULA?

## milk — le lait

fresh milk

du lait frais

# mind to more

## mind — déranger*, (be careful) faire attention

I don't mind spiders.

Les araignées ne me dérangent pas.

## minute — la minute

It's a few minutes past nine.

Il est 9 heures et quelques minutes.

## mirror — le miroir

Jack's looking at himself in the mirror.

Jack se regarde dans le miroir.

## miss — (person) manquer*, (not catch or hit) rater

Liddy misses her mum.

La maman de Liddy lui manque.

## mistake — la faute

I've made a mistake.

chockolat

J'ai fait une faute.

## mix — mélanger

Oliver is mixing the ingredients to make a cake.

Oliver mélange les ingrédients pour faire un gâteau.

## model — le modèle, le modèle réduit

Billy is playing with a model.

Billy joue avec un modèle réduit.

## money — l'argent (m)

I have some money for my lunch.

J'ai de l'argent pour mon déjeuner.

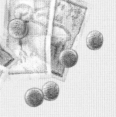

## monkey — le singe

five funny monkeys

cinq drôles de singes

## month — le mois

There are twelve months.

Il y a douze mois.

| Janvier |
| Février |
| Mars |
| Avril |
| Mai |
| Juin |
| Juillet |
| Août |
| Septembre |
| Octobre |
| Novembre |
| Décembre |

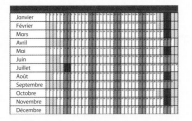

## moon — la lune

Look at the moon!

Regarde la lune!

## more — plus

Sally has more sand than Amy.

Sally a plus de sable qu'Amy.

* These two verbs are the other way round from English – as though you were saying "Spiders don't bother me".

47

# morning to music

### morning — le matin
a fine summer morning — un beau matin d'été

### most — le plus
Which caterpillar has most stripes?

Quelle chenille a le plus de rayures?

### moth — le papillon de nuit
Moths often fly towards the light.

Les papillons de nuit volent souvent vers la lumière.

### motorbike — la moto
This is Steve's new motorbike. — Voici la moto neuve de Steve.

### mountain — la montagne
Mountains are higher than hills. — Les montagnes sont plus hautes que les collines.

### mouse — la souris
a house mouse

une souris domestique

a computer mouse

une souris d'ordinateur

### mouth — la bouche
Jack is pointing to Polly's mouth.

Jack indique la bouche de Polly.

### move — (something) déplacer, (make a move) bouger
The crane is moving the crate.

La grue déplace la caisse.

Don't move!

Ne bouge pas!

### much — beaucoup
Mrs. Moon hasn't done much shopping.

Madame Moon n'a pas fait beaucoup de courses.

### mud — la boue
Sally is covered in mud. — Sally est couverte de boue.

### mushroom — le champignon
Mushrooms grow in fields and in woods. — Les champignons poussent dans les champs et dans les bois.

### music — la musique
Steve, Marco and Molly love music.

Steve, Marco et Molly adorent la musique.

# Nn nail to nest

**nail** (metal) **le clou,** (fingernail) **l'ongle (m)**

I need some nails to fix the chair.

J'ai besoin de clous pour réparer la chaise.

nail varnish

du vernis à ongle

**naughty** **vilain**

Naughty Pip has stolen Jack's cake.

Le vilain Pip a volé le gâteau de Jack.

**need** **avoir besoin**

Sam needs sleep.

Sam a besoin de dormir.

**name** **le nom**

Polly is choosing a name for her tiger.

Polly choisit un nom pour son tigre.

**near** **près**

The school is near the river.

L'école est près de la rivière.

**needle** **l'aiguille (f)**

a sewing needle

une aiguille à coudre

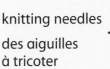

knitting needles

des aiguilles à tricoter

**narrow** **étroit**

The gap is so narrow that the kitten can't fit through.

Le trou est si étroit que le chaton ne passe pas à travers.

**neck** **le cou**

A giraffe has a very long neck.

La girafe a un cou très long.

**neighbour** **le voison la voisine**

These two people are neighbours.

Ces deux personnes sont voisines.

**nature** **la nature**

Polly is interested in nature.

Polly s'intéresse à la nature.

**necklace** **le collier**

Ruth has a pretty necklace.

Ruth a un joli collier.

**nest** **le nid**

Birds build nests for their eggs.

Les oiseaux construisent des nids pour leurs œufs.

a b c d e f g h i j k l m n o p q r s t u v w x y z

# net to noisy

a b c d e f g h i j k l m n o p q r s t u v w x y z

### net[1]      le filet

Julia has a small fishing net.

Julia a un petit filet de pêche.

The ball is caught in the net.

La balle est prise dans le filet.

### Net[2]      Internet

Polly is searching the Net.

Polly fait des recherches sur Internet.

### never      jamais

The postman never smiles.

Le facteur ne sourit jamais.

### new      nouveau (nouvel, nouvelle)*, (brand new) neuf (neuve)

Julia has some new shoes.

Julia a des chaussures neuves.

### news      les nouvelles (f)

Mrs. Beef has some bad news: Oscar has disappeared.

Oscar a disparu!

Madame Beef a de mauvaises nouvelles.

### newspaper      le journal (journaux)

This is Dad's newspaper.

Voici le journal de papa.

### next      (beside) à côté de, (after that) ensuite, (next week) prochain

The yellow car is next to the red car.

La voiture jaune est à côté de la voiture rouge.

### nice      (person) sympa**, (to look at) beau (bel, belle)*

Danny has made a nice picture.

Danny a fait un beau dessin.

### night      la nuit

It's night time.      Il fait nuit.

### nod      hocher la tête

The dog is nodding.

Le chien hoche la tête.

### noise      le bruit

This baby is making a lot of noise.

OUIN!

Ce bébé fait beaucoup de bruit.

### noisy      bruyant

The boys are being very noisy.

Les garçons sont très bruyants.

---

* masculine plural forms: nouveaux, beaux

** "sympa" is short for "sympathique", and it is the same for both masculine and feminine.

## nose — le nez

Polly is pointing to Jack's nose.

Polly indique le nez de Jack.

## note — (message) le mot, (money) le billet, (music) la note

a note for Mr. Dot

un mot pour Monsieur Dot

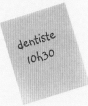

dentiste 10h30

a five euro note

un billet de cinq euros

## notebook — le carnet

This is Jack's notebook.

Voici le carnet de Jack.

## notice — remarquer

Annie hasn't noticed the clown.

Annie n'a pas remarqué le clown.

## now — maintenant

The clown is holding a pie...

Le clown tient une tarte...

...now he falls down with his face in it.

...maintenant il tombe, le nez dedans.

## number — (figure) le chiffre, (quantity) le nombre, (street, phone) le numéro

### 01 22 34 55 67

My phone number is ten numbers long.

Mon numéro de téléphone a dix chiffres.

## nurse — l'infirmier (m), l'infirmière (f)

The nurse is pushing Sally in a wheelchair.

L'infirmière pousse Sally dans un fauteuil roulant.

## nut — (walnut) la noix, (hazelnut) la noisette, (almond) l'amande (f), (peanut) la cacahuète

## ocean — l'océan (m)

Oceans are huge seas.

Les océans sont des mers immenses.

## o'clock — heure (f), heures

one o'clock in the afternoon

1 heure de l'après-midi

seven o'clock in the evening

7 heures du soir

## octopus — la pieuvre

An octopus has eight tentacles.

La pieuvre a huit tentacules.

## odd — (number) impair, (strange) curieux (curieuse)

1 2 3 4 5 6

The blue bunny is jumping on the odd numbers.

Le lapin bleu saute sur les nombres impairs.

a b c d e f g h i j k l m n o p q r s t u v w x y z

a b c d e f g h i j k l m n o p q r s t u v w x y z

## often — souvent

Mr. Dot and Jack often go and do the shopping.

Monsieur Dot et Jack vont souvent faire les courses.

## oil — l'huile (f)

Sunflower oil is good for cooking.

L'huile de tournesol est bonne pour la cuisine.

## old — vieux (vieil, vieille)

an old book
un vieux livre

an old shoe
une vieille chaussure

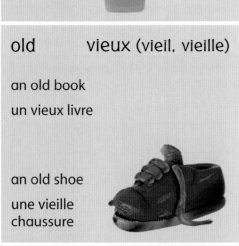

## once — une fois

They've only been on a balloon trip once.

Ils n'ont fait un voyage en montgolfière qu'une fois.

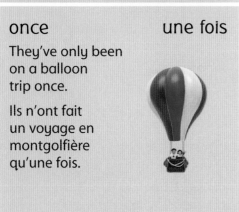

## onion — l'oignon (m)

An onion has a strong taste.

L'oignon a un goût fort.

## only — seulement, ne... que

Becky only has two strawberries.

Becky a seulement deux fraises.

or

Becky n'a que deux fraises.

## open[1] — ouvrir

Mr. Dot is opening the front door.

Monsieur Dot ouvre la porte d'entrée.

Mrs. Dot is opening the box.

Madame Dot ouvre la boîte.

## open[2] — ouvert

Mrs. Bird's shop is open on Saturdays.

Le magasin de Madame Bird est ouvert le samedi.

## opposite[1] — le contraire

Big is the opposite of small.

Grand est le contraire de petit.

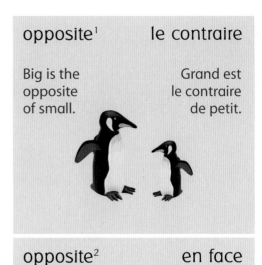

## opposite[2] — en face

Becky is sitting opposite her teddy.

Becky est assise en face de son nounours.

## orange — l'orange (f), (colour) orange

a sweet orange

une orange sucrée

## other — autre

Est-ce que tu as d'autres jouets?

Euh, non.

Jenny's asking if Ethan has any other toys.

## outside — hors de, dehors

The monkey is outside the box.

Le singe est hors de la boîte.

Let's go and play outside!

Allons jouer dehors!

## over — (above) au-dessus de, (finished) fini

The bird is flying over the tree.

L'oiseau vole au-dessus de l'arbre.

## owl — le hibou (hiboux)

Owls come out at night.

Les hiboux sortent la nuit.

## own — propre

Mrs. Bird has her own shop.

Madame Bird a son propre magasin.

## page — la page

Polly is looking at the words on the page.

Polly regarde les mots sur la page.

## paint¹ — la peinture

bottles of paint

des flacons de peinture

## paint² — peindre

Shelley is painting an orange cat.

Shelley peint un chat orange.

I am painting my bedroom blue.

Je peins ma chambre en bleu.

## pair — la paire

a pair of stripy socks

une paire de chaussettes rayées

## palace — le palais

This palace has golden roofs.

Ce palais a des toit dorés.

## pale — clair

pale blue — bleu clair

pale green — vert clair

pale yellow — jaune clair

## paper — le papier, (newspaper) le journal (journaux)

writing paper

du papier à lettres

## parachute — le parachute

Mr. Brand is doing a parachute jump.

Monsieur Brand fait un saut en parachute.

a b c d e f g h i j k l m n o p q r s t u v w x y z

a b c d e f g h i j k l m n o p q r s t u v w x y z

**parent**  le parent

Mr. and Mrs. Dot are Polly and Jack's parents.

Monsieur et Madame Dot sont les parents de Polly et Jack.

**park¹**  le parc

Let's go and play in the park!

Allons jouer au parc!

**park²**  garer

Jan parks her car in a car park.

PARKING 6 PLACES

Jan gare sa voiture au parking.

**parrot**  le perroquet

There are some parrots that can talk.

Il y a des perroquets qui parlent.

**part**  la pièce, (of a whole) la partie

a spare part

une pièce de rechange

**party**  la fête

There are lots of guests at Ellie's party.

Il y a beaucoup d'invités à la fête d'Ellie.

**pass**  (go past) passer devant, (give) passer, (test) réussir

They are passing the bank.

Ils passent devant la banque.

Pass the salt!

Passe-moi le sel!

**past¹**  le passé

clothes from the past

des vêtements du temps passé

**past²**  au-delà de

They run past the shops.

Ils courent au-delà des magasins.

**path**  le sentier

This path goes to the village.

Ce sentier va au village.

**paw**  la patte

This is the tiger's paw.

Voici la patte du tigre.

**pay**  payer

Ethan is paying for his apple.

Ethan paie sa pomme.

## pea — le petit pois

Peas are green vegetables.

Les petits pois sont des légumes verts.

## peach — la pêche

This peach is delicious.

Cette pêche est délicieuse.

## peak — (mountain) le sommet, (cap) la visière

There is snow on the peak.

Il y a de la neige au sommet.

a cap with a peak

une casquette à visière

## peanut — la cacahuète

a packet of salted peanuts

un paquet de cacahuètes salées

## pear — la poire

a nice, sweet, green pear

une belle poire verte sucrée

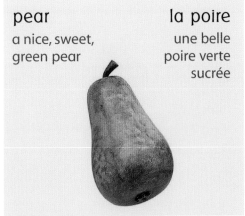

## pebble — le galet

There are lots of pebbles at the seaside.

Il y a beaucoup de galets au bord de la mer.

## pen — le stylo

This is my nice, new pen.

Voici mon beau stylo neuf.

## pencil — le crayon

I am drawing in pencil.

Je dessine au crayon.

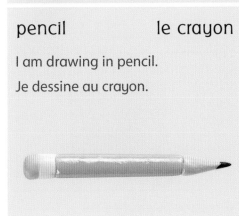

## penguin — le manchot

Penguins live at the South Pole.

Les manchots vivent au pôle Sud.

## people — les gens (m)

These people are waiting for the start of the concert.

Ces gens attendent le début du concert.

## pepper — (spice) le poivre, (vegetable) le poivron

a pepper mill

un moulin à poivre

green, red and yellow peppers

des poivrons verts, rouges et jaunes

## person — la personne

There is only one person here.

Il n'y a qu'une personne ici.

a b c d e f g h i j k l m n o p q r s t u v w x y z

a b c d e f g h i j k l m n o p q r s t u v w x y z

## pet — l'animal domestique (m) (animaux domestiques)

some pets

quelques animaux domestiques

## pick (choose) choisir, (flowers, fruit) cueillir

Oliver has picked an apple and a cake.

Oliver a choisi une pomme et un gâteau.

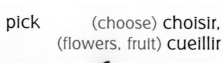

I'm picking some flowers.

Je cueille des fleurs.

## pillow — l'oreiller (m)

a big, soft pillow

un grand oreiller doux

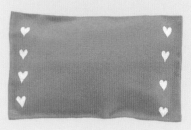

## phone — le téléphone

a phone call

un coup de téléphone

or

coup de fil

## picnic — le pique-nique

Amy is having a picnic.

Amy fait un pique-nique.

## pilot — le pilote

Jim wants to be a pilot.

Jim veut être pilote.

## photograph — la photo

Polly is looking at some photos.

Polly regarde des photos.

## picture — le tableau (tableaux)

Shelley's painted a nice picture.

Shelley a fait un beau tableau.

## pineapple — l'ananas (m)

A pineapple is a tropical fruit.

L'ananas est un fruit tropical.

## piano — le piano

Polly has a little, pink piano.

Polly a un petit piano rose.

## piece — le morceau (morceaux), (part) la pièce

a jigsaw with nine pieces

un puzzle de neuf pièces

## pizza — la pizza

a vegetarian pizza

une pizza végétarienne

# place to pocket

**place**     l'endroit (m),
le lieu (lieux)

a good
place to
have lunch

un bon
endroit
pour
déjeuner

**plan¹**     le plan

a plan of the first floor

un plan du
premier étage

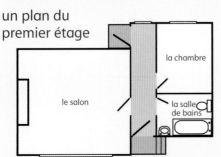

la chambre

le salon

la salle
de bains

**plan²**     organiser

Mrs. Dot is planning a party.

Date: le 22
septembre
À inviter:
Alex
Becky
Danny
David

Madame Dot
organise
une fête.

**plane**     l'avion (m)

This plane is landing.

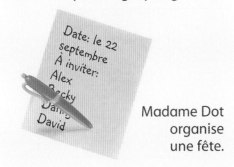

Cet avion atterrit.

---

**planet**     la planète

a planet
with rings
around it

une planète
entourée
d'anneaux

**plant**     la plante

This is a house plant.

Voici une plante
d'intérieure.

**plate**     l'assiette (f)

My plate
is clean.

Mon assiette
est propre.

**play**     jouer

The children are
playing outside.

Les enfants
jouent dehors.

Neil is playing
football.

Neil joue
au foot.

---

**playground**     l'aire de jeux (f),
(school) la cour de récréation

the playground in the park

l'aire de jeux du parc

**please**     s'il te plaît
s'il vous plaît *

Becky is saying please
can she have some
more strawberries.

Je peux
avoir encore
des fraises
s'il te plaît?

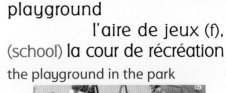

**plum**     la prune

a nice,
ripe plum

une belle
prune
mûre

**pocket**     la poche

Renata is
putting her
hands in
her pockets.

Renata met
les mains
dans ses
poches.

57

* For the difference between
"tu" and "vous", see page 95.

a b c d e f g h i j k l m n o p q r s t u v w x y z

# poem to press

**poem**     **le poème**

Shelley has written a poem about her cat.

Shelley a écrit un poème sur son chat.

Mon chat
Mon chat est tout petit
Il ronronne dans son lit
Il sait miauler
Pour réclamer du lait
Mon chat est tout petit
Quand il vient dans mon lit
On n'entend aucun bruit

**point¹**   (sharp) **la pointe,**   (score) **le point**

the pencil point

la pointe du crayon

We're playing a game, and I have forty points.

Nous faisons un jeu, et j'ai quarante points.

**point²**     **indiquer**

Polly is pointing to Jack's nose.

Polly indique le nez de Jack.

**police**     **la police**

Brian works for the police.

Brian travaille pour la police.

**police car**     **la voiture de police**

There is no one in the police car.

Il n'y a personne dans la voiture de police.

**pond**     **l'étang (m)**

There is a duck in the pond.

Il y a un canard sur l'étang.

**pony**     **le poney**

a small pony

un petit poney

**pool**     **la piscine**

There's a children's pool in the park.

Il y a une piscine pour enfants dans le parc.

**poor**     **pauvre**

rich people and poor people

les riches et les pauvres

Poor Ross, his tummy hurts.

Le pauvre Ross, il a mal au ventre.

**potato**     **la pomme de terre**

Potatoes grow underground.

Les pommes de terre poussent sous terre.

**present**     **le cadeau (cadeaux)**

This is a surprise present for Polly.

Voici un cadeau surprise pour Polly.

**press**     **appuyer**

Danny is pressing down the blue paper.

Danny appuie sur le papier bleu.

# pretend to puppet

**pretend**    faire semblant

Nicholas is pretending to sleep.

Nicholas fait semblant de dormir.

**princess**    la princesse

a beautiful
princess

une belle
princesse

**pull**    tirer

Jack is pulling the big parcel.

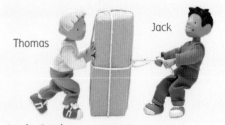

Thomas    Jack

Jack tire le gros paquet.

---

**pretty**    joli

Anya has
a pretty
red dress.

Anya a
une jolie
robe rouge.

**prize**    le prix

Neil's team has won a prize.

L'équipe de Neil
a remporté
un prix.

**pumpkin**    la citrouille

A pumpkin is a large fruit.

Le citrouille
est un
gros fruit.

---

**price**    le prix

The watermelons
are two for
the price
of one.

2 pour le
prix d'1

**promise**    promettre

Minnie's dad is promising to take
her to the park.

Je promets
de t'emmener
au parc.

**pupil**    l'élève (m or f)

Mr. Levy and his pupils

Monsieur Levy et ses élèves

---

**prince**    le prince

a brave
prince

un prince
courageux

**puddle**    la flaque

Alex is jumping in the puddles.

Alex saute dans
les flaques.

**puppet**    la marionnette

This puppet
has funny
clothes.

Cette
marionnette
a de drôles de
vêtements.

a b c d e f g h i j k l m n o p q r s t u v w x y z

a b c d e f g h i j k l m n o p q r s t u v w x y z

## puppy — le chiot

The yellow dog has a very sweet puppy.

Le chien jaune a un chiot très mignon.

## push — pousser

Thomas is pushing the big parcel.

Thomas          Jack

Thomas pousse le gros paquet.

## put — mettre, (put down) poser

Oliver is putting the bottle of paint on the table.

Oliver pose le flacon de peinture sur la table.

## puzzle — le casse-tête

This isn't a difficult puzzle.

Ce n'est pas un casse-tête difficile.

## quack — cancaner

A duck quacks.

Un canard cancane.

Coin! Coin!

## quarter — le quart

a quarter of the cake

le quart du gâteau

quarter past three

3 heures et quart

## queen — la reine

Joy is dressed up as a queen.

Joy est déguisée en reine.

## question — la question

Polly is asking a question: what's the clown called?

Comment tu t'appelles?

Polly pose une question.

## quick — vite

Grace is very quick on her skateboard.

Grace va très vite sur sa planche à roulettes.

## quiet — doux (douce), (silent) silencieux (silencieuse)

Anna is so quiet that Milo doesn't hear her.

Anna est si silencieuse que Milo ne l'entend pas.

## quite — (fairly) assez, (completely) tout à fait

I'm quite tired.

Je suis assez fatigué.

Mr. Bun isn't quite ready.

Monsieur Bun n'est pas tout à fait prêt.

## quiz — le concours

This is a quiz about animals.

Voici un concours sur les animaux.

Les animaux

1) Quel est le plus grand animal du monde?
2) Quel genre d'animal est le toucan?
3) Où irais-tu dans le monde pour voir des autruches et des guépards?

## rabbit — le lapin

Rabbits have long ears.

Les lapins ont de longues oreilles.

## rainbow — l'arc-en-ciel (m)

Look at the rainbow.

Regarde l'arc-en-ciel.

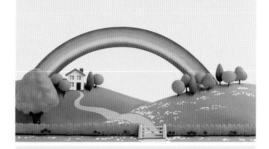

## reach — atteindre, (arrive) arriver

The firefighter can reach the cat.

Le pompier atteint le chat.

The bus reaches the village at midday.

Le bus arrive au village à midi.

## race — la course

Polly and Jack are having a race.

Polly et Jack font la course.

## raisin — le raisin sec

I need raisins to make a cake.

J'ai besoin de raisins secs pour faire un gâteau.

## read — lire

Tina is reading her book.

Tina lit son livre.

## radio — la radio

I'm listening to the radio.

J'écoute la radio.

## raspberry — la framboise

These raspberries come from my garden.

Ces framboises viennent de mon jardin.

## ready — prêt

The children are ready to go swimming.

Les enfants sont prêts à aller se baigner.

## rain — la pluie, (to rain) pleuvoir

Look, it's raining.

Regarde, il pleut.

## rat — le rat

Rats are like mice, but bigger.

Les rats, c'est comme les souris, mais plus gros.

## real — vrai

This fruit isn't real, it's plastic.

Ces fruits ne sont pas des vrais, ils sont en plastique.

a b c d e f g h i j k l m n o p q **r** s t u v w x y z

a b c d e f g h i j k l m n o p q r s t u v w x y z

## recorder — la flûte à bec

I'm learning to play the recorder at school.

J'apprends à jouer de la flûte à bec à l'école.

## rescue — sauver

Mr. Sparks has rescued the cat.

Monsieur Sparks a sauvé le chat.

## rich — riche

Natalie is a rich popstar.

Natalie est une star riche.

## refrigerator or fridge — le réfrigérateur or le frigo

The refrigerator is full of good things to eat.

Le frigo est plein de bonnes choses à manger.

## rhinoceros — le rhinocéros

Rhinos live in hot countries.

Les rhinocéros vivent dans les pays chauds.

## ride — (horse) monter à cheval, (bicycle) faire du vélo

Martin can ride.

Martin sait monter à cheval.

## remember — se rappeler, se souvenir

Fiona can remember the date of her friend's birthday.

Ton anniversaire, c'est le 26 mai.

Fiona se souvient de la date d'anniversaire de son amie.

## ribbon — le ruban

Becky has green ribbons.

Becky a des rubans verts.

## right — (not left) droite, (not wrong) bon (bonne)

Greta has put the puppet on her right hand.

Greta a mis la marionnette à sa main droite.

That's the right answer.

C'est la bonne réponse.

## reply — répondre

Minnie is replying to her Dad.

Tu veux aller au parc?

Oui, s'il te plaît.

Minnie répond à son papa.

## rice — le riz

I prefer rice to pasta.

Je préfère le riz aux pâtes.

## ring[1] — (jewellery) la bague, (shape) l'anneau (m) (anneaux)

a ring with a red stone

une bague avec une pierre rouge

the rings of Saturn

les anneaux de Saturne

# ring to round

### ring[2] — sonner
The phone's ringing.
Le téléphone sonne.

*drring! drring!* *drring! drring!*

### robot — le robot
This robot is a toy.
Ce robot est un jouet.

### room (in house) la pièce, (space) la place
On this plan, there are six rooms.

Sur ce plan, il y a six pièces.

Is there some room for me?

Est-ce qu'il y a de la place pour moi?

### ripe — mûr
The melon, the avocado and the watermelon are all ripe.

Le melon, l'avocat et la pastèque sont tous mûrs.

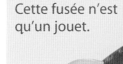

### rock (stone) le rocher, (music) le rock
Steve likes playing rock.

Steve aime jouer du rock.

There are rocks on the beach.

Il y a des rochers à la plage.

### rope — la corde
Jack needs a rope to pull the big parcel.
Jack a besoin d'une corde pour tirer le gros paquet.

### river — la rivière, (big river) le fleuve
The houses are near the river.

Les maisons sont près du fleuve.

### rocket — la fusée
This rocket is only a toy.

Cette fusée n'est qu'un jouet.

### rose — la rose
Roses are my favourite flowers.

Les roses sont mes fleur préférées.

### road — la route
The road goes to the town centre.

La route va au centre-ville.

### roof — le toit
The roof of this building is blue.
Le toit de ce bâtiment est bleu.

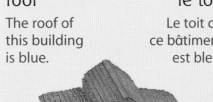

### round — rond
In general, drums are round.

En général, les tambours sont ronds.

a b c d e f g h i j k l m n o p q r s t u v w x y z

a b c d e f g h i j k l m n o p q r s t u v w x y z

## rug     le tapis

a red, yellow and blue rug

un tapis rouge, jaune et bleu

## ruler     la règle

A ruler is useful for drawing straight lines.

Une règle est utile pour tirer des traits droits.

## run     courir

Polly and Jack are running.

Polly et Jack courent.

## rush     se précipiter

They are rushing after Pip.

Ils se précipitent derrière Pip.

## sad     triste

Liddy is sad without her mummy.

Liddy est triste sans sa maman.

## saddle     la selle

Martin's horse has a new saddle.

Le cheval de Martin a une selle neuve.

## safe  (not dangerous) sûr, (not in danger) sauf (sauve)

The black cat is safe and sound.

Le chat noir est sain et sauf.

a safe place to cross

un lieu sûr pour traverser

## sailor     le matelot

Gareth is dressed up as a sailor.

Gareth est déguisé en matelot.

## salad     la salade

a mixed salad

une salade composée

## salami     le saucisson

This is Italian salami.

Voici un saucisson d'Italie.

## salt     le sel

There is salt on the table.

Il y a du sel sur la table.

## same     même

The twins always wear the same colours.

Les jumeaux portent toujours les mêmes couleurs.

**sand**     **le sable**

The children are playing in the sand.

Les enfants jouent dans le sable.

**sandal**     **la sandale**

Where is the other sandal?

Où est l'autre sandale?

**sandwich**     **le sandwich**

a cheese sandwich

un sandwich au fromage

**saucer**     **la soucoupe**

a cup and saucer

une tasse et une soucoupe

**sausage**     **la saucisse**

There are meat sausages and vegetarian sausages.

Il y des saucisses à la viande et des saucisses végétariennes.

**save** (from danger) **sauver**, (time or money) **économiser**

Mr. Sparks has saved the cat.

Monsieur Sparks a sauver le chat.

Jack is saving money in this moneybox.

Jack économise de l'argent dans cette tirelire.

**saw**     **la scie**

I have a saw for cutting wood.

J'ai une scie pour couper le bois.

**say**     **dire**

Yvonne is saying, "sleep well, my baby."

Dors bien, mon bébé.

Yvonne dit: « Dors bien, mon bébé. »

**scarf**     **l'écharpe** (f)

I've knitted this scarf.

J'ai tricoté cette écharpe.

**school**     **l'école** (f)

There are lots of children at this school.

Il y a beaucoup d'enfants dans cette école.

**scissors**     **les ciseaux** (m)

These are safety scissors.

Voici des ciseaux de sûreté.

**scooter**     **la trottinette**, (with motor) **le scooter**

Shaun has a green scooter.

Shaun a une trottinette verte.

a b c d e f g h i j k l m n o p q r s t u v w x y z

# sea to shake

a b c d e f g h i j k l m n o p q r s t u v w x y z

**sea**       **la mer**

The sea is calm today.

La mer est calme aujourd'hui.

**seal**       **le phoque**

Seals live by the sea.

Les phoques
vivent au bord
de la mer.

**search**       **chercher**

They are searching for their friend.

Ils cherchent leur ami.

**seat**    (chair) **le siège,**
     (place to sit) **la place**

There are three seats free.

Il y a trois places libres.

**secret**       **le secret**

Amy is telling Anna a secret.

Amy raconte un secret à Anna.

**see**       **voir**

Annie can't see the clown.

Annie ne voit
pas le clown.

I'm going
to see my
grandparents.

Je vais voir mes
grands-parents.

**sell**       **vendre**

Mrs. Hussain is
selling Ethan
an apple.

Madame
Hussain vend
une pomme
à Ethan.

**send**       **envoyer**

Jack is sending a letter
to his friend.

Jack envoie une lettre
à son ami.

**sentence**       **la phrase**

This is a complete sentence.

My dad likes apples.

Mon papa aime
les pommes.

Voici une phrase complète.

**sew**       **coudre**

Robert is sewing his shirt.

Robert coud
sa chemise.

**shadow**       **l'ombre** (f)

Look at Robert's
shadow!

Regarde
l'ombre
de Robert!

**shake**       **secouer**

Anton likes shaking his rattle.

Anton aime secouer son hochet.

# shallow to shoe

## shallow    peu profond

The children's pool is very shallow.

La piscine des enfants est très peu profonde.

## sharp  (cutting) tranchant, (pointed) pointu, bien taillé

Mind the sharp edge!

Fais attention au côté tranchant!

This is a sharp pencil.

Voici un crayon bien taillé.

## shell  (sea) le coquillage, (eggs, nuts) la coquille

I have a shell collection.

J'ai une collection de coquillages.

an eggshell

une coquille d'œuf

## shampoo    le shampooing

Can I borrow some shampoo?

Est-ce que je peux emprunter du shampooing?

## sheep    le mouton

Wool comes from sheep.

La laine provient des moutons.

## ship    le navire

There are lots of people on this ship.

Il y a beaucoup de gens sur ce navire.

## share    partager

Bill is sharing his cherries with Ben.

Bill partage ses cerises avec Ben.

## sheet  (on bed) le drap, (of paper) la feuille

a clean sheet

un drap propre

a sheet of writing paper

une feuille de papier à lettres

## shirt    la chemise

Milo has a checked shirt.

Milo a une chemise à carreaux.

## shark    le requin

This shark lives in tropical seas.

Ce requin vit dans les mers tropicales.

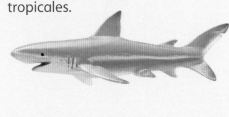

## shelf    l'étagère (f)

Sam's things are on the shelf.

Les affaires de Sam sont sur l'étagère.

## shoe    la chaussure

These are Robert's new shoes.

Voici les chaussures neuves de Robert.

a b c d e f g h i j k l m n o p q r s t u v w x y z

**short**      court

Maisie has short hair.

Maisie a les cheveux courts.

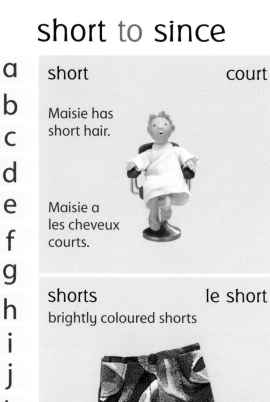

**show**      montrer

Jack is showing Thomas his hands.

Jack montre ses mains à Thomas.

Show me what to do.

Montre-moi quoi faire.

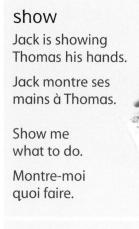

**side**    (edge, face) le côté, (team) l'équipe (f)

I write on both sides of the paper.

J'écris des deux côtés du papier.

He's on the other side.

Il est dans l'équipe opposée.

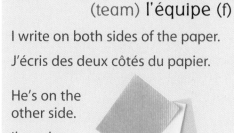

**shorts**      le short

brightly coloured shorts

un short aux couleurs vives

**shower**    (to wash) la douche, (rain) l'averse (f)

Robert is having a shower.

Robert prend sa douche.

sun and showers

soleil at averses

**sign¹**    (symbol) le symbole, (road) le panneau (panneaux)

@ is the sign for "at".

@ est le symbole pour "à".

This sign means "no buses".

Ce panneau veut dire "interdit aux bus".

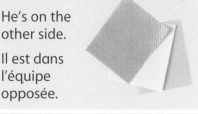

**shoulder**      l'épaule (f)

This is Jack's shoulder.

Voici l'épaule de Jack.

**shrink**      rétrécir

Wool clothes often shrink in hot water.

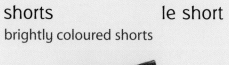

Les vêtements de laine rétrécissent souvent à l'eau chaude.

**sign²**      signer

The paper says "Sign please".

Signez SVP

**shout**      hurler

Jack is shouting, "Stop, Pip!"

ARRÊTE, PIP!

Jack hurle: « Arrête, Pip! »

**shut**      fermer

Danny is shutting the door.

Danny ferme la porte.

**since**      depuis

They've been waiting since midday.

Ils attendent depuis midi.

a b c d e f g h i j k l m n o p q r s t u v w x y z

## sing — chanter

Molly can sing very well.

Molly chante très bien.

## size — la taille

This T-shirt is the right size for Zoe.

Ce t-shirt est à la bonne taille pour Zoe.

## skirt — la jupe

This skirt has four red buttons.

Cette jupe a quatre boutons rouges.

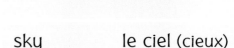

## sink¹ — (kitchen) l'évier (m), (bathroom) le lavabo

The sink is empty.

Le lavabo est vide.

## skate — faire du patin

Gemma is ice skating.

Gemma fait du patin à glace.

## sky — le ciel (cieux)

There's a plane in the sky.

Il y a un avion dans le ciel.

## sink² — couler

Billy's boat is sinking.

Le bateau de Billy coule.

## ski — faire du ski

Eric skis every day in winter.

Eric fait du ski tous les jours en hiver.

## sleep — dormir

Shhh! Adam is sleeping.

Chut! Adam dort.

## sit — (sit down) s'asseoir, (be sitting) être assis

Sally is sitting on a blue stool.

Sally est assise sur un tabouret bleu.

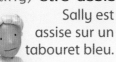

## skin — la peau (peaux)

Babies have smooth skin.

Les bébés ont la peau lisse.

Don't eat the banana skin!

Ne mange pas la peau de banane!

## sleeve — la manche

Robert has a yellow top with blue sleeves.

Robert a un haut jaune aux manches bleues.

a b c d e f g h i j k l m n o p q r s t u v w x y z

# slice to smooth

**slice** (portion) **la part,** (bread, meat) **la tranche**

a slice of cake

une part de gâteau

a slice of bread

une tranche de pain

**slipper** **le chausson**

Polly has pink bunny-shaped slippers.

Polly a des chaussons roses en forme de lapin.

**small** **petit**

Leila is a small girl.

Leila est une petite fille.

**slide¹** **le toboggan**

Sacha and Suki love going on the slide.

Sacha et Suki adorent faire du toboggan.

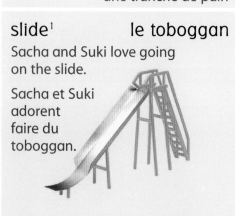

**slow** **lent**

This is an old, slow train.

Voici un vieux train lent.

**smell** **sentir**

I can smell hot chocolate.

Je sens du chocolat chaud.

This cat smells bad.

Ce chat sent mauvais.

**slide²** **glisser**

Denise is sliding down first.

Denise glisse en premier.

**slowly** **lentement**

Speak more slowly!

Parlez plus lentement!

Sally is going slowly.

Sally va lentement.

**smile** **sourire**

Jack is smiling.

Jack sourit.

**slip** **glisser**

Anna has slipped on the banana skin.

Anna a glissé sur la peau de banane.

**slug** **la limace**

There are slugs in the garden.

Il y a des limaces dans le jardin.

**smooth** (to touch) **lisse,** (level) **aplani**

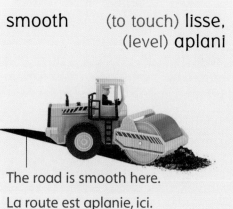

The road is smooth here.

La route est aplanie, ici.

## snail — l'escargot (m)

A snail is like a slug with a shell.

L'escargot, c'est comme une limace avec une coquille.

## snake — le serpent

There's a snake in the tree.

Il y a un serpent dans l'arbre.

## snow — la neige, (to snow) neiger

They're playing in the snow.

Ils jouent dans la neige.

## soap — le savon

My soap is pink.

Mon savon est rose.

## soccer or football — le foot

Neil plays soccer every Saturday.

Neil joue au foot tous les samedis.

## sock — la chaussette

Luke has stripy socks.

Luke a des chaussettes à rayures.

## sofa — le canapé

Alexa is reading on the sofa.

Alexa lit sur le canapé.

## soft — doux (douce)

The white kitten has soft fur.

Le chaton blanc a des poils doux.

## soil — la terre

It's good soil for my plant.

C'est de la bonne terre pour ma plante.

## soldier — le soldat

Tony is dressed up as a soldier.

Tony est déguisé en soldat.

## song — la chanson

Natalie is singing a song.

boom ba ba, boom ba ba

Natalie chante une chanson.

## soon — bientôt

It will soon be two o'clock.

Il sera bientôt deux heures.

a b c d e f g h i j k l m n o p q r s t u v w x y z

# sort to spill

**sort**     la sorte, le genre, l'espèce (f)

different sorts of food

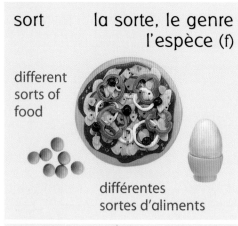

différentes sortes d'aliments

**spacecraft**     le vaisseau spatial (vaisseaux spatiaux)

A rocket is a spacecraft.

Une fusée, c'est un vaisseau spatial.

**spell**[2]     épeler

Oliver can spell his first name.

Oliver sait épeler son prénom.

Oliver

**sound**     le bruit

That funny sound is the parrot.

Salut!

Ce drôle de bruit, c'est le perroquet.

**speak**     parler

Mrs. Rose is speaking to her friend.

Madame Rose parle avec son amie.

Comment ça va?

Ça va bien, merci.

**spend**     dépenser

Danny has some pocket money to spend.

Danny a de l'argent de poche à dépenser.

**soup**     la soupe

a tin of vegetable soup

une boîte de soupe aux légumes

**special**     spécial*

Electricians need special tools.

Les électriciens ont besoin d'outils spéciaux.

**spider**     l'araignée (f)

Maddy hates spiders, but I don't mind them.

Maddy déteste les araignées, mais elles ne me dérangent pas.

**space**     (room) la place, (stars) l'espace (m)

There are two free spaces.

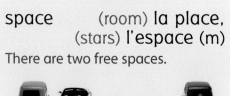

Il y a deux places libres.

Astronauts go into space.

Les astronautes vont dans l'espace.

**spell**[1]     le sort

The witch is casting a spell.

La sorcière jette un sort.

**spill**     renverser

The cat has spilt some mustard.

Le chat a renversé de la moutarde.

* masculine plural form: spéciaux

## spinach    les épinards (m)
Spinach has bright green leaves.

Les épinards ont des feuilles vert vif.

## splash    éclabousser
Polly is splashing water everywhere.

Polly éclabousse de l'eau partout.

## sponge    l'éponge (f)
a bath sponge    une éponge pour le bain

## spoon    la cuillère
I need a spoon for my soup.

J'ai besoin d'une cuillère pour ma soupe.

## sport    le sport
They all enjoy doing sport.    Ils aiment tous faire du sport.

## spot[1]    la tache
This dog has black spots.

Ce chien a des taches noires.

There's a spot on my shirt.

Il y a une tache sur ma chemise.

## spot[2]    repérer
I've spotted a clown.

J'ai repéré un clown.

## squirrel    l'écureuil (m)
There are red squirrels and grey squirrels.

Il y a des écureuils rouges et des écureuils gris.

## stairs    l'escalier (m)
There's a red carpet on the stairs.

Il y a une moquette rouge dans l'escalier.

## stamp    le timbre
This letter has a stamp.

Cette lettre a un timbre.

## stand    (stand up) se lever, (be standing) être debout
Alex is standing.

Alex est debout.

## star    (shape or in the sky) l'étoile (f), (person) la star
The stars are shining.

Les étoiles brillent.

Natalie, the singer, is a star.

Natalie, la chanteuse, est une star.

a b c d e f g h i j k l m n o p q r s t u v w x y z

a b c d e f g h i j k l m n o p q r s t u v w x y z

### start — commencer

The birds are starting to eat the seeds.

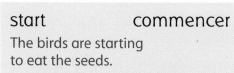

Les oiseaux commencent à manger les graines.

### station — la gare

There are two trains in the station.

Il y a deux trains dans la gare.

### stay — rester, (visit) loger

The cows stay in the field.

Les vaches restent dans le champ.

I'm staying with my aunt.

Je loge chez ma tante.

### steep — raide

It's a steep path.

C'est un sentier raide.

### stick[1] — le bâton, (twig) la brindille

a stick for my dog

un bâton pour mon chien

### stick[2] — coller

Polly is sticking her drawing to the wall.

Polly colle son dessin au mur.

### still[1] — (calm) tranquille, (not moving at all) immobile

Milo is staying still.

Milo reste tranquille.

The car is standing still.

La voiture est immobile.

### still[2] — encore

Oliver's still hungry.

Oliver a encore faim.

He still has some apples.

Il a encore des pommes.

### sting — piquer

Amy is afraid that the bee will sting her.

Amy a peur que l'abeille la pique.

### stir — remuer

Jack is stirring the mixture.

Jack remue le mélange.

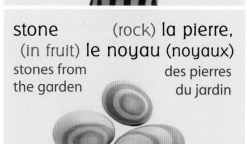

### stone — (rock) la pierre, (in fruit) le noyau (noyaux)

stones from the garden — des pierres du jardin

a peach stone

un noyau de pêche

### stool — le tabouret

a small, blue stool — un petit tabouret bleu

## stop — arrêter, (yourself) s'arrêter

Jan is stopping at the barrier.

Jan s'arrête à la barrière.

The police are stopping the cars.

La police arrête les voitures.

PARKING 12 PLACES

## storm — la tempête

a storm at sea

une tempête en mer

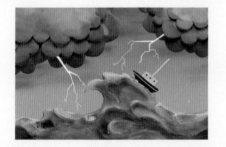

## story — l'histoire (f)

Polly is writing a story.

Polly écrit une histoire.

La bague magique
★★★★★
par Polly Dot

Il était une fois une belle princesse qui habitait un magnifique château entouré d'un bois enchanté. Un jour, la princesse

## straight — (line) droit, (hair) raide

Leslie has straight hair.

Leslie a les cheveux raides.

a straight path

un sentier droit

## strawberry — la fraise

Strawberries are my favourite fruit.

Les fraises sont mes fruits préférés.

## street — la rue

There are shops in this street.

Il y a des magasins dans cette rue.

## string — la ficelle

Can I borrow some string?

Est-ce que je peux emprunter de la ficelle?

## strong — fort, (solid) robuste

strong coffee

du café fort

The stool isn't very strong.

Le tabouret n'est pas très robuste.

## study[1] — le bureau (bureaux)

Mum's study

le bureau de maman

## study[2] — étudier

Sara is studying the Romans.

Sara étudie les Romains.

## suddenly — tout à coup

Suddenly Asha drops the vase.

Tout à coup, Asha laisse tomber le vase.

## sugar — le sucre

I need sugar to make a cake.

J'ai besoin de sucre pour faire un gâteau.

a b c d e f g h i j k l m n o p q r s t u v w x y z

# suitcase to swim

## suitcase — la valise
This is Mr. Brand's suitcase.

Voici la valise de monsieur Brand.

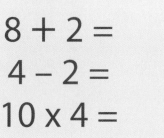

## sunglasses — les lunettes de soleil (f)
Polly has sunglasses with blue flowers on them.

Polly a des lunettes de soleil avec des fleurs bleues dessus.

## swan — le cygne
There's a swan on the river.

Il y a un cygne sur la rivière.

## sum — le calcul
I can do these sums.

Je sais faire ces calculs.

$$8 + 2 =$$
$$4 - 2 =$$
$$10 \times 4 =$$

## supermarket — le supermarché
Dad is at the supermarket.

Papa est au supermarché.

## sweep — balayer
Anna is sweeping the kitchen.

Anna balaie la cuisine.

## sun — le soleil
The sun is shining today.

Le soleil brille aujourd'hui.

## sure — sûr
Dad is sure they've bought everything.

Papa est sûr qu'ils ont tout acheté.

## sweet — (taste) sucré, (cute) mignon (mignonne)
This kitten is very sweet.

Ce chaton est très mignon.

The cake is very sweet.

Le gâteau est très sucré.

## sunflower — le tournesol
Aggie has some lovely sunflowers.

Aggie a de beaux tournesols.

## surprise — la surprise
What a surprise!

Quelle surprise!

BOO! HOU!

## swim — nager
Pete can swim very well.

Pete sait très bien nager.

## swimming pool
### la piscine

There are two children in the swimming pool.

Il y a deux enfants dans la piscine.

## swimsuit
### le maillot de bain

Minnie has a stripy swimsuit.

Minnie a un maillot de bain à rayures.

## swing[1]
### la balançoire

Let's play on the swings!

Allons jouer à la balançoire!

## swing[2]
### se balancer

The girls are swinging.

Les filles se balancent.

## table
### la table

a wooden table

une table en bois

## tail
### la queue

This dog has a long tail.

Ce chien a une longue queue.

## take
### prendre

Someone's taken my flowers.

Quelqu'un a pris mes fleurs.

Amy's taking sand in her wagon.

Amy prend du sable dans sa remorque.

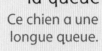

## talk
### parler

The ladies are talking.

Les dames parlent.

## tall
### grand

a tall animal

un grand animal

## taste
### goûter

Ethan is tasting his ice-cream.

Ethan goûte sa glace.

## taxi
### le taxi

a yellow taxi

un taxi jaune

## tea
### le thé, (meal) le goûter

a tea bag     un sachet de thé

Jenny's going to Ethan's house for tea.

Jenny va chez Ethan pour le goûter.

a b c d e f g h i j k l m n o p q r s t u v w x y z

a b c d e f g h i j k l m n o p q r s t u v w x y z

## teacher
(seniors) **le professeur**,
(juniors) **l'instituteur (m)**,
**l'institutrice (f)**

Our teacher is Mr. Levy.

Monsieur Levy est notre instituteur.

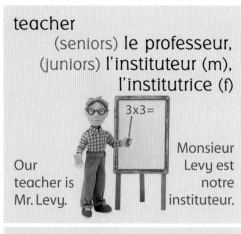

## team          l'équipe (f)
This is Neil's team.

Voici l'équipe de Neil.

## teddy bear          le nounours
This teddy bear has a red scarf.

Ce nounours a une écharpe rouge.

## telephone          le téléphone
Where is the telephone, please?

Où est le téléphone, s'il vous plaît?

## television          la télévision
There's nothing on television this evening.

Il n'y a rien à la télévision ce soir.

## tell          (explain) **raconter**,
(instruction) **dire**

Tell Dad to call me.

Dis à papa de m'appeler.

Mrs. Beef is telling them the story.

Madame Beef leur raconte l'histoire.

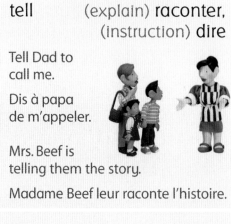

## tent          la tente
Jack has a little, yellow tent.

Jack a une petite tente jaune.

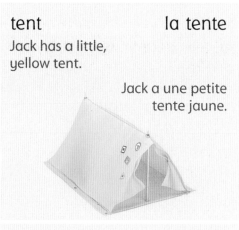

## thank          remercier
Polly is thanking Marco for her present.

Polly remercie Marco pour son cadeau.

Merci bien.

## thin          (line) **fin**,
(person, animal) **maigre**

thin string

de la corde fine

a thin cat

un chat maigre

## thing          la chose
Tina still has some things to do.

Tina a encore des choses à faire.

## think          (believe) **croire**,
(consider) **penser**

I think he is ready.

Je crois qu'il est prêt.

Maddy thinks spiders are horrible.

Maddy pense que les araignées sont horribles.

## (to be) thirsty          avoir soif
Polly is very thirsty.

Polly a très soif.

## through — par

Mr. Bun is going out through the front door.

Monsieur Bun sort par la porte d'entrée.

## tie — nouer

Someone has tied the ribbons.

Quelqu'un a noué les rubans.

## tip — le bout

The tip of the fox's tail is white.

Le bout de la queue du renard est blanc.

## throw — jeter

Anna is throwing the ball to Jack.

Anna jette la balle à Jack.

## tiger — le tigre

Tigers live in Asia.

Les tigres vivent en Asie.

## toast — le toast

The toast is ready.

Les toasts sont prêts.

## thumb — le pouce

This is Polly's thumb.

Voici le pouce de Polly.

## time (on a clock) l'heure (f), (time taken) le temps

What time is it?

Quelle heure est-il?

The journey doesn't take much time.

Le voyage ne prend pas beaucoup de temps.

## toddler — le petit enfant

Joshua is only a toddler.

Joshua n'est qu'un petit enfant.

## ticket le billet, (bus, underground) le ticket

I've already bought my ticket.

J'ai déjà acheté mon billet.

## tiny — minuscule

a small cat and a tiny cat

un petit chat et un chat minuscule

## toe l'orteil (m) or le doigt de pied

Toes are at the end of feet.

Les orteils sont au bout des pieds.

a b c d e f g h i j k l m n o p q r s t u v w x y z

a b c d e f g h i j k l m n o p q r s t u v w x y z

**together** ensemble

Jenny and Ethan are playing together.

Jenny et Ethan jouent ensemble.

**tonight** ce soir

She's going to the theatre tonight.

Je vais au théâtre ce soir.

**top** le haut, (on top) sur

I have a blue top.

J'ai un haut bleu.

The kitten is on top of the desk.

Le chaton est sur le bureau.

**toilet** les WC (m), (room) les toilettes (f)

Where is the toilet please?

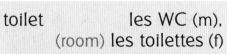

Où sont les toilettes s'il vous plaît?

**tooth** la dent

Zach is showing his teeth.

Zach montre ces dents.

**touch** toucher

Ne pas toucher SVP

The label says "Please do not touch."

**tomato** la tomate

a nice, ripe tomato

une belle tomate mûre

**toothbrush** la brosse à dents

This is Zach's toothbrush.

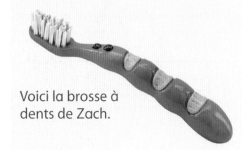

Voici la brosse à dents de Zach.

**towel** la serviette

Anna has a big, blue towel.

Anna a une grande serviette bleue.

**tongue** la langue

Luke is sticking his tongue out.

Luke tire la langue.

**toothpaste** le dentifrice

mint toothpaste

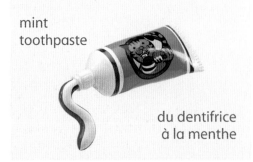

du dentifrice à la menthe

**town** la ville

This is the town centre.

Voici le centre de la ville.

## toy — le jouet

Joshua has lots of toys.

Joshua a beaucoup de jouets.

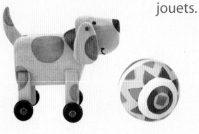

## truck — le camion

a big, green truck

un gros camion vert

## turkey — le dindon, (meat) la dinde

the Christmas turkey

la dinde de Noël

A turkey is an American bird.

Le dindon est un oiseau d'Amérique.

## tractor — le tracteur

The farmer has a red tractor.

Le fermier a un tracteur rouge.

## true — vrai

True or false?

VRAI OU FAUX?
* * * * *
1. L'ocelot est une espèce de plante.
2. Les manchots ne volent pas.

It's a true story.

C'est une histoire vraie.

## turn — tourner

The roundabout's turning around.

Le tourniquet tourne en rond.

Jan's turning left.

Jan tourne à gauche.

## train — le train

Mr. Brand is travelling by train.

Monsieur Brand voyage par le train.

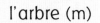

## try — essayer

They are trying to move the parcel.

Ils essaient de déplacer le paquet.

Can I try this T-shirt?

Est-ce que je peux essayer ce t-shirt?

## TV — la télé

Steve, Marco and Molly are on TV.

Steve, Marco et Molly passent à la télé.

## tree — l'arbre (m)

There are lots of trees in the park.

Il y a beaucoup d'arbres dans le parc.

## T-shirt — le t-shirt

Ash has a red and yellow T-shirt.

Ash a un t-shirt rouge et jaune.

## twin — le jumeau (jumeaux), la jumelle

Bill and Ben are twins.

Bill et Ben sont jumeaux.

a b c d e f g h i j k l m n o p q r s t u v w x y z

# Uu ugly to usually

**ugly**        laid

This fish is ugly.

Ce poisson est laid.

**umbrella**      le parapluie

Robert has a big umbrella.

Robert a un grand parapluie.

**under**        sous

The kitten is hiding under the planks.

Le chaton se cache sous les planches.

**understand**     comprendre

I don't understand what Ben is saying.

Je ne comprends pas ce que Ben dit.

êeh euh oie

**undress**      se déshabiller

Luke is undressing.

Luke se déshabille.

**unhappy**     malheureux (malheureuse)

Liddy is unhappy, she wants her mum.

Liddy est malheureuse, elle veut sa maman.

**upright**      droit

Tony is standing upright.

Tony se tient droit.

**upset**      bouleversé

Mrs. Beef is upset.

Madame Beef est bouleversée.

**upside down**    à l'envers

The picture is upside down.

Le tableau est à l'envers.

**use**        se servir

Mr. Clack is using a saw.

Monsieur Clack se sert d'une scie.

**useful**      utile

A wheelbarrow is useful in the garden.

Une brouette est utile dans le jardin.

**usually**     d'habitude

Sara usually cycles to school.

D'habitude, Sara va à l'école en vélo.

a b c d e f g h i j k l m n o p q r s t u v w x y z

## vacuum cleaner
### l'aspirateur (m)
Can I borrow the vacuum cleaner?

Est-ce que je peux emprunter l'aspirateur?

## vase
### le vase
a vase
of flowers

un vase
de fleurs

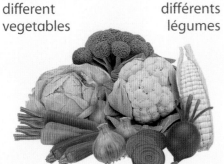

## vegetable
### le légume
different vegetables

différents légumes

## very
### très
Flora is dirty and Sally is very dirty.

Flora est sale et Sally est très sale.

## view
### la vue
a nice view of the country

une belle vue sur la campagne

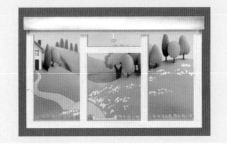

## visit
### visiter
The children are visiting the museum.

Les enfants visitent le musée.

## visitor
### l'invité (m)
### l'invitée (f)
The visitors are arriving.

Les invités arrivent.

## voice
### la voix
Molly has a lovely voice.

Molly a une belle voix.

Laaaaaa!

## wait
### attendre
They are waiting for the bus.

Ils attendent le bus.

## waiter
### le serveur
The waiter is bringing a cup of tea.

Le serveur apporte un thé.

## waitress
### la serveuse
The waitress is bringing two cups of coffee.

La serveuse apporte deux cafés.

## wake   (someone) réveiller,
### (wake up) se réveiller
Sam is just waking.

Sam se réveille juste.

a
b
c
d
e
f
g
h
i
j
k
l
m
n
o
p
q
r
s
t
u
v
w
x
y
z

a b c d e f g h i j k l m n o p q r s t u v w x y z

**walk** marcher, (go on foot) **aller à pied**

Danny is walking fast.

Danny marche vite.

He walks to school.

Il va à l'école à pied.

**wall** le mur

The hens are on a stone wall.

Les poules sont sur un mur de pierre.

**want** vouloir

Jenny wants some more wagons.

Jenny veut encore des wagons.

**warm** chaud

Renata has a nice, warm coat.

Renata a un manteau bien chaud.

**wash** laver, (yourself) **se laver**

Jack is washing.

Jack se lave.

**washing machine** la machine à laver

a new washing machine

une machine à laver neuve

**watch**[1] la montre

Polly has a new watch for her birthday.

Polly a une montre neuve pour son anniversaire.

**watch**[2] regarder

They are all watching the clown.

Ils regardent tous le clown.

**water** l'eau (f) (eaux)

Becky is playing in the warm water.

Becky joue dans l'eau chaude.

**wave**[1] la vague

a big wave

une grosse vague

**wave**[2] saluer

Polly is waving to her friends.

Polly salue ses amis.

**way** (route) le chemin, (method) la façon

the way to the village

le chemin du village

a way of cooking eggs

une façon de faire cuire les œufs

## wear — porter

Miriam is wearing a red suit.

Miriam porte un tailleur rouge.

## well — bien

How are you? I'm very well, thank you.

Comment ça va? Très bien, merci.

Sara reads very well.

Sara lit très bien.

## while — pendant que

While his parents are talking, Jack is eating a cake.

Pendant que ses parents parlent, Jack mange un gâteau.

## weather — le temps

winter weather

temps d'hiver

## wet — mouillé

Jem the plumber is all wet.

Jem, le plombier, est tout mouillé.

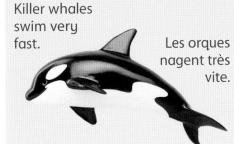

## wide — large

The sofa is quite wide.

Le canapé est assez large.

## web — la toile, (World Wide Web) le Web

a spider's web

une toile d'araignée

a website

un site Web

## whale — la baleine, (killer whale) l'orque (m)

Killer whales swim very fast.

Les orques nagent très vite.

## wild — sauvage

wild animals

des animaux sauvages

## week — la semaine

the days of the week

les jours de la semaine

Lundi
Mardi
Mercredi
Jeudi
Vendredi
Samedi
Dimanche

## wheel — la roue

This is a big truck wheel.

Voici une grosse roue de camion.

## win — gagner

The pink cake has won first prize.

Le gâteau rose a gagné le premier prix.

a b c d e f g h i j k l m n o p q r s t u v w x y z

## wind — le vent

a windy day

un jour
de vent

## with — avec, à

Ben sleeps with
his teddy bear.

Ben dort avec
son nounours.

a bird with blue feet

un oiseau aux pattes bleues

## work — (do a job) travailler, (function) marcher

Mick works all day.

Mick travaille
toute la
journée.

This computer doesn't work.

Cet ordinateur ne marche pas.

## window — la fenêtre

Look out of
the window.

Regarde par
la fenêtre.

## woman — la femme

This woman
is a gardener.

Cette femme
est jardinière.

## world — le monde

all the countries
in the world

tous les pays
du monde

## wish — le vœu (vœux)

The fairy can give three wishes.

La fée donne trois vœux.

## wood — le bois

There is a wood beside the lake.

Il y a un bois à côté du lac.

This table is
made of wood.

Cette table est
en bois.

## write — écrire

Oliver is writing his first name.

Oliver écrit son prénom.

## witch — la sorcière

There are often witches
in fairy tales.

Il y a
souvent
des
sorcières
dans les
contes de
fées.

## word — le mot

a list of words

une liste de mots

adresse
brillant
comment
des
enveloppes

## wrong — mauvais

the wrong answers

$2 + 3 = 7$ ✗
$4 + 6 = 9$ ✗
$5 - 3 = 4$ ✗

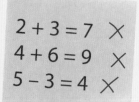

les mauvaises réponses

# Xx  x to xylophone

x      (kiss) bisou
(in sums) x

Love Olivia xxx
Bisous Olivia

$$2 \times 2 = 4$$

(two times two equals four)
(deux fois deux égale quatre)

Xmas      Noël

Happy Xmas!      Joyeux Noël!

x-ray      le rayon x,
(photo) la radiographie

The x-ray shows Robert's skeleton.      La radiographie montre le squelette de Robert.

xylophone
le xylophone

This xylophone has six notes.
Ce xylophone a six notes.

# Yy  yawn to young

yawn      bâiller

Sam's yawning.
Sam bâille.

year    l'an (m), l'année (f)

Flora is five years old, Annie is a year older.

Flora a cinq ans, Annie a un an de plus.

the days of the year
les jours de l'année

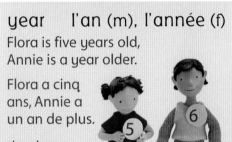

yet      encore

Ben can't walk yet.      Ben ne sait pas encore marcher.

young      jeune

young children
des enfants jeunes

# Zz  zebra to zoo

zebra      le zèbre

Zebras live in Africa.      Les zèbres vivent en Afrique.

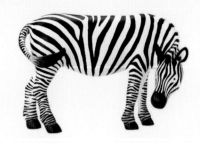

zero      zéro

Five take away five equals zero.

$$5 - 5 = 0$$

Cinq moins cinq égale zéro.

zip      la fermeture éclair

This zip is half open.

Cette fermeture éclair est à moitié ouverte.

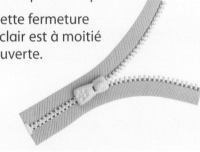

zoo      le zoo

There's a panda at the zoo.      Il y a un panda au zoo.

a b c d e f g h i j k l m n o p q r s t u v w x y z

# Colours    Les couleurs

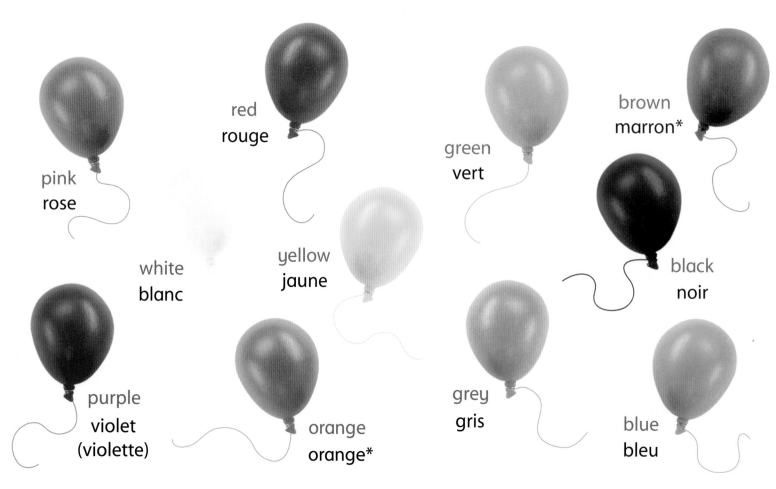

pink
**rose**

red
**rouge**

green
**vert**

brown
**marron***

white
**blanc**

yellow
**jaune**

black
**noir**

purple
**violet
(violette)**

orange
**orange***

grey
**gris**

blue
**bleu**

# Shapes    Les formes

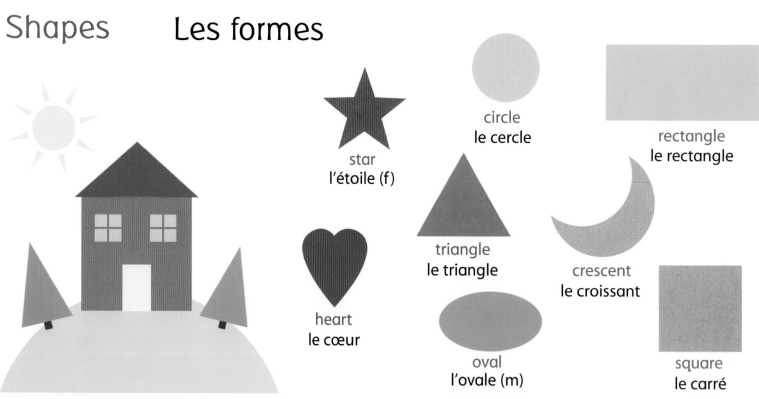

star
**l'étoile (f)**

circle
**le cercle**

rectangle
**le rectangle**

heart
**le cœur**

triangle
**le triangle**

crescent
**le croissant**

oval
**l'ovale (m)**

square
**le carré**

* These colours aren't like other adjectives – they are the same for both masculine and feminine, and
they don't add "s" for plurals: a brown shoe = une chassure marron; orange fruit = des fruits orange.

# Numbers    Les chiffres

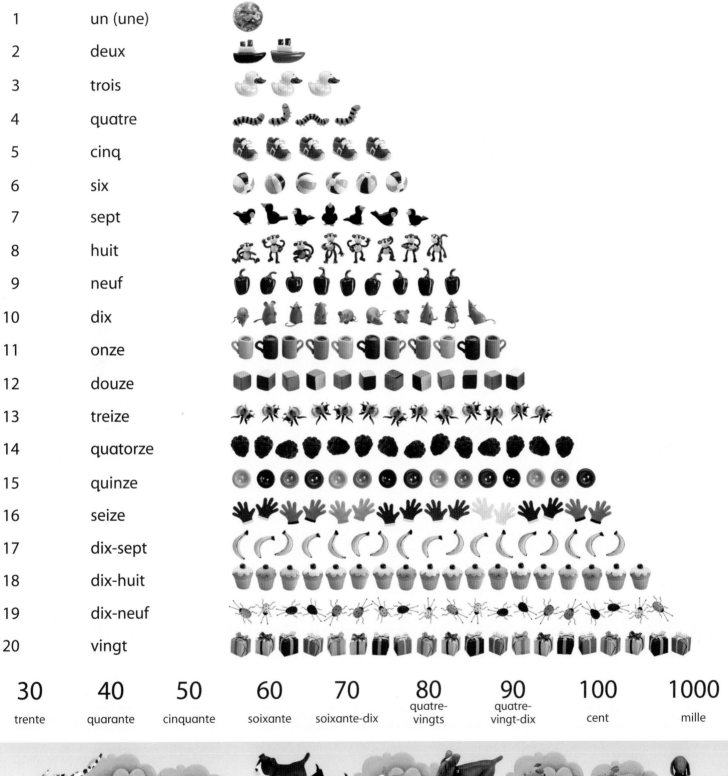

| | |
|---|---|
| 1 | un (une) |
| 2 | deux |
| 3 | trois |
| 4 | quatre |
| 5 | cinq |
| 6 | six |
| 7 | sept |
| 8 | huit |
| 9 | neuf |
| 10 | dix |
| 11 | onze |
| 12 | douze |
| 13 | treize |
| 14 | quatorze |
| 15 | quinze |
| 16 | seize |
| 17 | dix-sept |
| 18 | dix-huit |
| 19 | dix-neuf |
| 20 | vingt |

| 30 | 40 | 50 | 60 | 70 | 80 | 90 | 100 | 1000 |
|---|---|---|---|---|---|---|---|---|
| trente | quarante | cinquante | soixante | soixante-dix | quatre-vingts | quatre-vingt-dix | cent | mille |

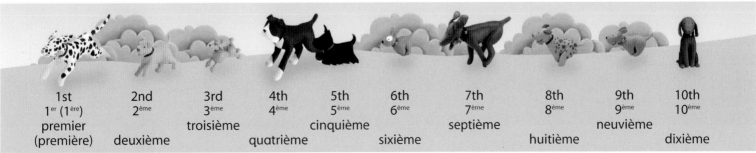

| 1st | 2nd | 3rd | 4th | 5th | 6th | 7th | 8th | 9th | 10th |
|---|---|---|---|---|---|---|---|---|---|
| 1er (1ère) | 2ème | 3ème | 4ème | 5ème | 6ème | 7ème | 8ème | 9ème | 10ème |
| premier (première) | deuxième | troisième | quatrième | cinquième | sixième | septième | huitième | neuvième | dixième |

# Days of the week

# Les jours de la semaine

| Monday | Tuesday | Wednesday | Thursday | Friday | Saturday | Sunday |
|--------|---------|-----------|----------|--------|----------|--------|
| lundi | mardi | mercredi | jeudi | vendredi | samedi | dimanche |

# Months of the year

# Les mois de l'année

**January**
janvier

**February**
février

**March**
mars

**April**
avril

**May**
mai

**June**
juin

**July**
juillet

**August**
août

**September**
septembre

**October**
octobre

**November**
novembre

**December**
décembre

Polly's birthday
is in January.

L'anniversaire de
Polly est en janvier.

# Seasons

## Les saisons

Spring
le printemps

Summer
l'été

Autumn
l'automne

Winter
l'hiver

# Family words

# La famille

Simon's photo album
**l'album photos de Simon**

brother, sister
**le frère, la sœur**

baby
**le bébé**

mother
**la mère**

father
**le père**

Mum
**Maman**

Dad
**Papa**

daughter
**la fille**

son
**le fils**

grandfather
**le grand-père**

grandmother
**la grand-mère**

Grandpa
**Papi**

Grandma
**Mamie**

Dad and his brother
**Papa et son frère**

uncle
**l'oncle (m)**

aunt
**la tante**

(girl) cousin
**la cousine***

grandparents
**les grands-parents**

parents
**les parents**

grandchildren
**les petits-enfants**

children
**les enfants**

* boy cousin would be **le cousin**.

# Words we use a lot

On these pages you'll find some words that are useful for making sentences, and are used in sentences in the dictionary. Remember that in French some words can change, depending on whether the word that follows is masculine or feminine, singular or plural (see page 94). You'll find a little more about how words like "de" and "à" change on pages 96 and 100.

| | |
|---|---|
| about | (story) sur |
| | (more or less) environ |
| across | à travers |
| again | encore |
| almost | presque |
| also | aussi |
| always | toujours |
| and | et |
| another | un autre, |
| | une autre |
| around | autour de |
| because | parce que |
| but | mais |
| by | (beside) à côté de |
| | (done by) par |
| each or every | chaque |
| | or tout, toute |
| everybody | tout le monde |
| or everyone | |
| everything | tout |
| everywhere | partout |
| for | pour |
| he | il |
| her | (belonging to...) son, |
| | sa, ses |
| | (to, for...) la or lui |
| here | ici |
| here's | voici |
| him | le or lui |
| his | (belonging to...) son, |
| | sa, ses |

| | |
|---|---|
| I | je |
| if | si |
| in, into | dans or en |
| it | il, elle |
| its | son, sa, ses |
| it's | c'est |
| just | seulement |
| me | me or moi |
| my | mon, ma, mes |
| myself | moi-même |
| no | (not yes) non |
| | (not one) aucun, aucune |
| none | aucun, aucune |
| of | de |
| on | (on top of) sur |
| | (wall, radio...) à |
| | (bicycle, holiday...) en |
| or | ou |
| our | notre, nos |
| out of | hors de |
| she | elle |
| so | (so big) si |
| | (because of this) donc |
| somebody | quelqu'un, |
| or someone | quelqu'une |
| something | quelque chose |
| sometimes | parfois |
| somewhere | quelque part |
| than | que |

| | |
|---|---|
| that | cela |
| their | leur, leurs |
| them | eux, elles |
| | (to, for...) les or leur |
| then | ensuite or puis |
| there | là |
| there's | il y a |
| they | ils, elles |
| today | aujourd'hui |
| tomorrow | demain |
| too | aussi |
| unless | sauf si |
| | or à moins que |
| until | jusqu'à |
| us | nous |
| we | nous |
| what | ce que |
| | (in questions) que |
| which | que |
| | (in questions) quel, |
| | quelle, quels, quelles |
| whose | dont |
| | (in questions) à qui |
| yes | (agreeing) oui |
| | (contradicting) si |
| yesterday | hier |
| you | tu or vous* |
| | (to, for...) te or toi |
| | or vous* |
| your | ton, ta, tes |
| | or votre, vos |

* For the difference between "tu" and "vous", see page 95.

# More about using your dictionary

When you have looked up a word, here are some of the things you can find out.

If the word can be used in different ways, there may be more than one French translation.

You can find out how to spell a word in English.

You can see how you can use a word in English and in French.

know    (people) connaître,
                (facts) savoir
Sam knows these children.

Sam connaît ces enfants.

I know he is angry.

Je sais qu'il est fâché.

If the word can be used in different ways, there are different phrases or sentences.

You can see a picture of the word, or a way of using the word.

know    (people) connaître,
                (facts) savoir
Sam knows these children.

These words in brackets show that you can use the word in different ways.

computer    l'ordinateur (m)
I work on a computer.

Je travaille sur ordinateur.

The letter m in brackets tells you that the word is masculine.

idea                    l'idée (f)
Andy has an idea: Let's go and play in the park!

The letter f in brackets tells you that the word is feminine.

hippopotamus (or hippo)
                l'hippopotame (m)
Hippos live in Africa.

Les hippopotames vivent

You can also find out if a word can be shortened.

## Le or la?

In French, all nouns, or "naming" words such as "boy" and "house", are either masculine or feminine. The French word for "the" is le for masculine nouns and la for feminine nouns.

Sometimes you can guess whether a noun is masculine or feminine – for example, "boy" is masculine (le garçon). Other times, you need to check in the dictionary.

If a noun begins with a, e, i, o, or u, and sometimes h, then le or la is shortened to l'.

## Plurals

"Plural" means "more than one". The French for "the" when you are talking about more than one is les, for both masculine and feminine nouns. You also add s to the end of the noun, as you do in English:

boys            les garçons

If the noun ends in s already, you don't need to add another s.

mice            les souris

For a very few nouns, you add x or other letters instead of s. In this dictionary, these plurals are shown like this:

knee            le genou (genoux)

# Fruit game

Which of these words are masculine, and which are feminine?

la fraise

le citron

la cerise

la framboise

l'ananas (m)

le raisin

la pomme

la banane

# Adjectives

"Describing" words, such as "small" or "expensive", are called adjectives. In French, they usually go after the noun they are describing. The endings change, depending whether the noun is masculine or feminine, singular or plural. For example, the French word for "hot" is "chaud":

hot bath     le bain chaud

For a feminine noun, you add e to the end of the adjective (unless it ends in e already):

hot water     l'eau chaude

For masculine plurals, you add s to the end of the adjective (unless it ends in x already):

hot dishes     les plats chauds

For feminine plurals, you add es:

hot drinks     les boissons chaudes

A few adjectives have slightly different feminine forms. They are shown in the dictionary like this:

soft     doux (douce)

A very few also have a different form before masculine nouns beginning with a, e, i, o, u and sometimes h. They are shown like this:

old     vieux (vieil, vieille)

Find out more about using adjectives on page 97.

# Verbs

"Doing" words, such as "walk" or "laugh", are called verbs. In English, verbs don't change very much, whoever is doing them:

I walk
you walk
he walks

In French, the endings change much more. Many verbs work in a similar way to the one below. The verb is in the present – the form that you use to talk about what is happening now.

| | |
|---|---|
| to give | donner |
| I give | je donne |
| you give* | tu donnes |
| he gives | il donne |
| she gives | elle donne |
| we give | nous donnons |
| you give* | vous donnez |
| they give | ils donnent |
| | elles donnent |

In the main part of the dictionary, when you look up a verb you will find the "to" form, together with a sentence or phrase to show how the verb can be used. Most of these sentences use the verb in the present.

On pages 101–104, you will find a list of all the verbs, with the most useful forms in the present: the "to" form, the "he" or "she" form, and the "I" form and "they" form if they are very different.

# Two useful verbs

Two of the most useful verbs to know are "to be" and "to have". Here they are in French, in the present form:

| | |
|---|---|
| to be | être |
| I am | je suis |
| you are* | tu es |
| he is | il est |
| she is | elle est |
| we are | nous sommes |
| you are* | vous êtes |
| they are | ils sont, |
| | elles sont |

| | |
|---|---|
| to have | avoir |
| I have | j'ai |
| you have* | tu as |
| he has | il a |
| she has | elle a |
| we have | nous avons |
| you have* | vous avez |
| they have | ils ont |
| | elles ont |

Mostly, you use them in just the same way as you do in English:

| | |
|---|---|
| He is happy | Il est content |
| She is angry | Elle est fâchée |
| I have an apple | J'ai une pomme |
| They have a cold | Ils ont un rhume |

Just sometimes, it isn't the verb you expect:

| | |
|---|---|
| to be afraid | avoir peur |
| to be cold | avoir froid |
| to be hot | avoir chaud |
| to be hungry | avoir faim |
| to be thirsty | avoir soif |

# This, these

On page 94 you can see how the word for "the" changes, depending whether a noun is masculine or feminine. The word for "this" is <u>ce</u>, and it changes in a similar way:

| | |
|---|---|
| the boy | le garçon |
| this boy | ce garçon |
| the word | le mot |
| this word | ce mot |

If the following noun is masculine and begins with a, e, i, o or u (and sometimes h), <u>ce</u> becomes <u>cet</u>:

| | |
|---|---|
| the tree | l'arbre |
| this tree | cet arbre |
| the man | l'homme |
| this man | cet homme |

For all feminine nouns, you use <u>cette</u>:

| | |
|---|---|
| the woman | la femme |
| this woman | cette femme |
| the island | l'île |
| this island | cette île |

When you are talking about more than one of something (plurals), the word for "these" is <u>ces</u>, whether the following noun is masculine or feminine:

| | |
|---|---|
| the boys | les garçons |
| these boys | ces garçons |
| the words | les mots |
| these words | ces mots |
| the trees | les arbres |
| these trees | ces arbres |
| the men | les hommes |
| these men | ces hommes |
| the women | les femmes |
| these women | ces femmes |
| the islands | les îles |
| these islands | ces îles |

# One, some, all

In French, the words for "one", "some" and "all" can change, depending on whether the following noun is masculine or feminine, singular or plural (see page 94). The word for "a" or "an" is the same as the word for "one":

| | |
|---|---|
| a boy (or one boy) | un garçon |
| a girl (or one girl) | une fille |

The word for "some" is <u>de</u>, but if the following noun is masculine, this changes to <u>du</u>. If the following noun begins with a, e, i, o or u and sometimes h, it changes to <u>de l'</u>:

| | |
|---|---|
| some bread | du pain |
| some money | de l'argent |
| some jam | de la confiture |

If you are talking about more than one, <u>de</u> changes to <u>des</u>, whether the noun is masculine or feminine:

| | |
|---|---|
| some boys | des garçons |
| some girls | des filles |

The word for "all" is <u>tout</u>, or <u>toute</u> in the feminine:

| | |
|---|---|
| all the time | tout le temps |
| all day | toute la journée |

When you are talking about more than one, it becomes <u>tous</u> for masculine nouns and <u>toutes</u> for feminine nouns:

| | |
|---|---|
| all the boys | tous les garçons |
| all the words | tous les mots |
| all the trees | tous les arbres |
| all the girls | toutes les filles |
| all the women | toutes les femmes |
| all the islands | toutes les îles |

# Making sentences

To make sentences in French, you usually put the words in the same order as in an English sentence. Remember to make any changes you need for masculine or feminine words in the sentence. Here are some examples from the dictionary:

> The bus arrives at midday.
> Le bus arrive à midi.

> The kitten is behind the flowerpot.
> Le chaton est derrière le pot de fleurs.

> Bill is close to Ben.
> Bill est près de Ben.

# Where does the adjective go?

In English, adjectives usually go before the noun they are describing. In French, most adjectives go after the noun:

> The baker sells fresh bread.
> Le boulanger vend du pain frais.

> a dangerous snake
> un serpent dangereux

However, some very common adjectives, such as beau, bon, grand, joli, mauvais, nouveau, petit and vieux, do go before the noun:

> a large amount of pasta
> une grande quantité de pâtes

> Ruth has a pretty necklace.
> Ruth a un joli collier.

It is possible to have adjectives before and after a noun:

> Renata has a lovely red coat.
> Renata a un beau manteau rouge.

> a nice, sweet, green pear
> une belle poire verte sucrée

# More and most

In English, when you compare things, you often add "er" to an adjective: "A mouse is smaller than a rabbit." Other times, you use "more": "My puzzle is more difficult than yours." In French, you use the word plus to compare things:

> Bushes are smaller than trees.
> Les buissons sont plus petits que les arbres.

> The car is more expensive than the duck.
> La voiture est plus chère que le canard.

> Mountains are higher than hills.
> Les montagnes sont plus hautes que les collines.

When you compare several things, in English you add "est" to the adjective, or use "most": "This tree's the tallest." "This is the most delicious." In French, you use le plus, (or la plus or les plus):

> Ben is the youngest.
> Ben est le plus jeune.

> This dress is the most expensive.
> Cette robe est la plus chère.

As in English, you have special words for:

| | |
|---|---|
| better | mieux |
| the best | le meilleur (la meilleure, les meilleurs, les meilleures) |
| worse | pire |
| the worst | le pire (la pire, les pires) |

### (you can also use plus mauvais)

> My plane is better than your truck.
> Mon avion est mieux que ton camion.

> the best in the class
> le meilleur or la meilleure de la classe

> the worst place to have a picnic
> le pire endroit pour faire un pique-nique

# Making questions

The easiest questions in French are questions you answer "yes" or "no" to. The easiest way to make a sentence into this kind of question is to add the words Est-ce que at the beginning. For example:

Is the bus going into town?
Est-ce que le bus va en ville?

Is the kitten behind the flowerpot?
Est-ce que le chaton est derrière le pot de fleurs?

Is Bill close to Ben?
Est-ce que Bill est près de Ben?

Is Oliver hungry?
Est-ce qu'Oliver a faim?

You can also make questions beginning with question words, such as:

| | |
|---|---|
| Who..? | Qui..? |
| What..? | Que..? |
| Where..? | Où..? |
| When..? | Quand..? |
| Why..? | Pourquoi..? |
| How..? | Comment..? |
| How many..? or | |
| How much? | Combien..? |

The verb usually comes after the question word, as it does in English:

Who wants some cake?
Qui veut du gâteau?

What does this word mean?
Que veut dire ce mot?

Where is the kitten?
Où est le chaton?

How is Beth feeling?
Comment se sent Beth?

How many apples are there?
Combien y a-t-il de pommes?

How much do the apples cost?
Combien coûtent les pommes?

You can also use est-ce que after question words. For example:

What's happening here?
Qu'est-ce qu'il se passe ici?

What's she saying?
Qu'est-ce qu'elle dit?

When does the bus arrive?
Quand est-ce que le bus arrive?

Why is Ross crying?
Pourquoi est-ce que Ross pleure?

How does she know that?
Comment est-ce qu'elle sait cela?

The word for "Which..?" changes, depending on whether the word it goes with is masculine or feminine, singular or plural:

Which bike goes faster?
Quel vélo va plus vite?

Which is the biggest house?
Quelle est la maison la plus grande?

Which toys are the cheapest?
Quels jouets sont les moins chers?

Which girls are playing tennis?
Quelles filles jouent au tennis?

There are some useful words for questions which mostly begin "any–" in English:

| | |
|---|---|
| anybody or anyone | quelqu'un |
| anything | quelque chose |
| anywhere | quelque part |

For example:

Is there anybody at home?
Est-ce qu'il y a quelqu'un à la maison?

Is anyone going into town?
Est-ce que quelqu'un va en ville?

Does she need anything?
Est-ce qu'elle a besoin de quelque chose?

Can you see my glasses anywhere?
Est-ce que tu vois mes lunettes quelque part?

# Negative sentences

A negative sentence is a "not" sentence, such as "I'm not hungry". You usually make a sentence negative in French by adding ne... pas around the verb (or n'... pas if the verb begins with a, e, i, o, u, and sometimes h):

> The bus isn't going into town.
> Le bus ne va pas en ville.

> The kitten isn't behind the flowerpot.
> Le chaton n'est pas derrière le pot de fleurs.

> Bill isn't close to Ben.
> Bill n'est pas près de Ben.

> Oliver's not hungry.
> Oliver n'a pas faim.

If there is more than one verb, you only make one negative, as in English:

> He doesn't like doing his homework.
> Il n'aime pas faire ses devoirs.

If the sentence includes "any", or has the meaning "any", this becomes de (or d' before a, e, i, o, u and sometimes h):

> Mum doesn't want any pie.
> Maman ne veut pas de tarte.

> Ethan doesn't have any other toys.
> Ethan n'a pas d'autres jouets.

> I don't have a cat.
> (I don't have any cats.)
> Je n'ai pas de chat.

> He doesn't eat bread.
> (He doesn't eat any bread.)
> Il ne mange pas de pain.

De doesn't change, whether the word following is masculine or feminine, singular or plural:

> I don't need any milk.
> Je n'ai pas besoin de lait.

> She doesn't have any tickets.
> Elle n'a pas de billets.

There are some useful words for negative sentences which mostly begin "no–" in English (it's the same as saying "not any–"):

| nobody or no one | personne |
| nothing | rien |
| nowhere | nulle part |
| never | jamais |
| no more | plus |

You use these in the place of pas in a simple negative sentence like the ones on the left. For example:

> There is nobody at home
> or There isn't anybody at home.
> Il n'y a personne à la maison.

> I have nothing to eat
> or I don't have anything to eat.
> Je n'ai rien à manger.

> This path goes nowhere
> or This path doesn't go anywhere.
> Ce sentier ne va nulle part.

> The train is never late
> or The train isn't ever late.
> Le train n'est jamais en retard.

> She has no more fruit
> or She doesn't have any more fruit.
> Elle n'a plus de fruits.

When you hear French people speaking, especially children, you'll notice that they often miss out the ne... You might hear:

> "There's nobody at home."
> "Y a personne à la maison."

> "I've nothing to eat"
> "J'ai rien à manger."

> "She has no more fruit."
> "Elle a plus de fruits."

If you are writing French, though, you must keep the ne... in the sentence.

# To, from and other useful place words

The French word for "to" (and also "at") is à. If it is followed by a masculine noun, it changes to au (à l' for nouns beginning with a, e, i, o or u and sometimes h):

I'm going to the supermarket.
Je vais au supermarché.

He is at the workshop.
Il est à l'atelier.

The children are at school.
Les enfants sont à l'école.

She is going to the beach.
Elle va à la plage.

## If the following noun is plural, à changes to aux, whether the noun is masculine or feminine:

I am giving some apples to the boys.
Je donne des pommes aux garçons.

Mr. Levy is explaining to the pupils.
Monsieur Levy explique aux élèves.

She is feeding corn to the hens.
Elle donne du maïs aux poules.

In French, there is also a special word chez, meaning "at somebody's house or shop". For example:

Jenny's going to Ethan's house.
Jenny va chez Ethan.

Polly is at her grandparents' (house).
Polly est chez ses grands-parents.

I'm going to the butcher's (shop).
Je vais chez le boucher.

There isn't a special word for "home" in French, so you use chez instead:

I'm going home.
Je vais chez moi.

We're at home this evening.
Nous sommes chez nous ce soir.

The French word for "from" (and also "of") is de, which you also saw on page 96, meaning "some". It changes in the same way when you use it to mean "from" or "of":

He's coming from the office.
Il vient du bureau.

the bark of the tree
l'écorce de l'arbre

I'm taking a book from the shelf.
Je prends un livre de l'étagère.

the meaning of the words
le sens des mots

the wheels of the cars
les roues des voitures

De is also part of lots of other useful place expressions:

| | |
|---|---|
| next to | à côté de |
| near to | près de |
| a long way from | loin de |
| at the top of | en haut de |
| at the bottom of | en bas de |
| above | au-dessus de |
| beneath | au-dessous de |

For example:

The kitten is next to the flowerpot.
Le chaton est à côté du pot de fleurs.

The shop is near the swimming pool.
Le magasin est près de la piscine.

The house is a long way from the school.
La maison est loin de l'école.

The kitten is at the top of the stairs.
Le chaton est en haut de l'escalier.

The clock is above the cupboard.
La pendule est au-dessus du placard.

The radiator is beneath the window.
Le radiateur est au-dessous de la fenêtre.

# All about verbs

These pages list the verbs (or "doing" words) that appear in the main part of the dictionary. Page 95 explains a little about verbs in French, and how the endings change for "I", "you", "he" or "she", and so on. It also introduces the useful verbs avoir and être.

In this list, you can find some of the most useful forms of the verb: the infinitive (the "to" form) and the "he" form (il in French. The "she" or elle form is the same). The "I" or je form is usually the same as the "he" or il form. To make the "they" (ils or elles) form you usually add –nt or –ent at the end. If these forms are any different, they are shown in this list. They are in the present, which is the form you use to talk about what is happening now.

# *Reflexive verbs

All the verbs marked with an asterisk (*) are a type of verb called a "reflexive verb". They are often used where you would use "... myself", "... yourself", and so on, in English. The main part of the verb works like other verbs, but you also need to change the se at the beginning, depending on who is doing the action. For example, se laver ("to wash yourself") is formed like this:

| | |
|---|---|
| I wash myself | je me lave |
| you wash yourself | tu te laves |
| he washes himself | il se lave |
| she washes herself | elle se lave |
| we wash ourselves | nous nous lavons |
| you wash yourselves | vous vous lavez |
| they wash themselves | ils or elles se lavent |

---

aboyer — to bark
il aboie

accrocher — to hang up
il accroche

acheter — to buy
il achète

adorer — to love
il adore

*s'agenouiller — to kneel
je m'agenouille — down
il s'agenouille

aider — to help
il aide

aimer — to enjoy,
il aime — to like, to love

ajouter — to add
il ajoute

---

aller — to go
je vais
il va
ils vont

*s'amuser — to enjoy
je m'amuse — yourself
il s'amuse

appartenir — to belong
j'appartiens
il appartient
ils appartiennent

appeler — to call
il appelle

apporter — to bring
il apporte

apprendre — to learn
j'apprends
il apprend
ils apprennent

---

appuyer — to press
il appuie

arrêter — to stop
il arrête

*s'arrêter — to stop
je m'arrête — (yourself)
il s'arrête

arriver — to arrive,
il arrive — to reach,
— to happen

*s'asseoir — to sit
je m'assieds — down
il s'assied
ils s'asseyent

attacher — to fix, to join,
il attache — to attach

atteindre — to reach
j'atteins
il atteint
ils atteignent

---

attendre — to wait
j'attends
il attend

attraper — to catch
il attrape

bâiller — to yawn
il bâille

*se balancer — to swing
je me balance
il se balance

balayer — to sweep
il balaie

*se battre — to fight
je me bats
il se bat
ils se battent

boire — to drink
je bois
il boit
ils boivent

# Verbs

bouger — to move
il bouge

brûler — to burn
il brûle

buter — to bump
il bute

cacher — to hide (something)
il cache

*se cacher — to hide (yourself)
je me cache
il se cache

cancaner — to quack
il cancane

casser — to break
il casse

chanter — to sing
il chante

chauffer — to heat
il chauffe

chercher — to search
il cherche

choisir — to choose
je choisis
il choisit
ils choisissent

coller — to stick
il colle

commencer — to begin, to start
il commence

comprendre — to understand
je comprends
il comprend
ils comprennent

conduire — to drive
je conduis
il conduit
ils conduisent

congeler — to freeze
il congèle

connaître — to know (people)
je connais
il connaît
ils connaissent

construire — to build
je construis
il construit
ils construisent

contenir — to contain
je contiens
il contient
ils contiennent

copier — to copy
il copie

*se coucher — to lie down
je me couche
il se couche

coudre — to sew
je couds
il coud
ils cousent

couler — to sink
il coule

couper — to cut
il coupe

courir — to run
je cours
il court
ils courent

creuser — to dig
il creuse

croire — to think, to believe
je crois
il croit
ils croient

croquer — to bite (food)
il croque

cueillir — to pick
il cueille

danser — to dance
il danse

découper — to cut out
il découpe

demander — to ask
il demande

démanger — to itch
il démange

*se dépêcher — to hurry
je me dépêche
il se dépêche

dépenser — to spend
il dépense

déplacer — to move
il déplace

déranger — to bother
il dérange

*se déshabiller — to undress
je me déshabille
il se déshabille

dessiner — to draw
il dessine

détester — to hate
il déteste

deviner — to guess
il devine

dire — to say, to tell
je dis
il dit
ils disent

disparaître — to disappear
je disparais
il disparaît
ils disparaissent

donner — to give
il donne

dormir — to sleep
je dors
il dort
ils dorment

*s'échapper — to escape
je m'échappe
il s'échappe

éclabousser — to splash
il éclabousse

économiser — to save
il économise

écrire — to write
j'écris
il écrit
ils écrivent

embrasser — to hug
il embrasse

entendre — to hear
j'entends
il entend

envoyer — to send
il envoie

épeler — to spell
il épèle

essayer — to try
il essaie

étudier — to study
il étudie

expliquer — to explain
il explique

faire — to make, to do
je fais
il fait
ils font

fermer — to close
il ferme

finir — to finish
je finis
il finit
ils finissent

flotter — to float
il flotte

frapper — to hit
il frappe

gagner — to win
il gagne

* see Reflexive verbs on page 101.

| | | | |
|---|---|---|---|
| garder<br>il garde | to keep | jouer<br>il joue | to play |

garder — to keep
il garde

garer — to park
il gare

geler — to freeze
il gèle

glisser — to slip, to slide
il glisse

*se glisser — to creep
je me glisse
il se glisse

goûter — to taste
il goûte

grimper — to climb
il grimpe

*s'habiller — to dress
je m'habille
il s'habille

habiter — to live
il habite

heurter — to bump, to knock
il heurte

hocher (la tête) — to nod
il hoche

hurler — to shout
il hurle

indiquer — to point
il indique

*s'inscrire — to join, to become a member
je m'inscris
il s'inscrit
ils s'inscrivent

inviter — to invite
il invite

jeter — to throw
il jette

jongler — to juggle
il jongle

jouer — to play
il joue

laisser — to let, to leave
il laisse

laver — to wash
il lave

*se laver — to wash yourself
je me lave
il se lave

lécher — to lick
il lèche

*se lever — to stand up
je me lève
il se lève

lire — to read
je lis
il lit
ils lisent

manger — to eat
il mange

manquer — to be missing
il manque

marcher — to walk, to work (machine)
il marche

mélanger — to mix
il mélange

mener — to lead
il mène

mentir — to lie (not tell truth)
je mens
il ment

mesurer — to measure
il mesure

mettre — to put
je mets
il met
ils mettent

monter — to ride a horse
il monte

montrer — to show
il montre

mordre — to bite
je mords
il mord

mourir — to die
je meurs
il meurt
ils meurent

nager — to swim
il nage

neiger — to snow
il neige

nettoyer — to clean
il nettoie

nouer — to tie
il noue

organiser — to plan
il organise

oublier — to forget
il oublie

ouvrir — to open
il ouvre

parler — to speak
il parle

partager — to share
il partage

partir — to leave (a place)
je pars
il part

passer — to pass (give)
il passe

*se passer — to happen
il se passe

payer — to pay
il paie

pêcher — to fish
il pêche

peindre — to paint
je peins
il peint
ils peignent

*se pencher — to lean
je me penche
il se penche

pendre — to hang
je pends
il pend

penser — to think
il pense

percuter — to crash
il percute

perdre — to lose
je perds
il perd

piquer — to sting
il pique

pleurer — to cry
il pleure

pleuvoir — to rain
il pleut

plier — to fold
il plie

plonger — to dive
il plonge

porter — to carry, to wear
il porte

poser — to put down
il pose

poursuivre — to chase
je poursuis
il poursuit
ils poursuivent

pousser — to push, to grow
il pousse

* see Reflexive verbs on page 101.

# Verbs

| | | | | | | | |
|---|---|---|---|---|---|---|---|
| prendre<br>je prends<br>il prend<br>ils prennent | to take | repérer<br>il repère | to spot | sécher<br>il sèche | to dry | tomber<br>il tombe | to fall |
| *se précipiter<br>je me précipite<br>il se précipite | to rush | répondre<br>je réponds<br>il répond | to answer | secouer<br>il secoue | to shake | toucher<br>il touche | to touch,<br>to feel |
| promettre<br>je promets<br>il promet<br>ils promettent | to promise | respirer<br>il respire | to breathe | sentir<br>je sens<br>il sent | to smell | tourner<br>il tourne | to turn |
| raccommoder<br>il raccommode | to mend | rester<br>il reste | to stay | *se sentir<br>je me sens<br>il se sent | to feel | travailler<br>il travaille | to work |
| raconter<br>il raconte | to tell | retrouver<br>il retrouve | to meet | *se servir<br>je me sers<br>il se sert<br>ils se servent | to use | traverser<br>il traverse | to cross |
| *se rappeler<br>je me rappelle<br>il se rappelle | to remember | rétrécir<br>je rétrécis<br>il rétrécit<br>ils rétrécissent | to shrink | signer<br>il signe | to sign | trouver<br>il trouve | to find |
| rater<br>il rate | to miss | réussir<br>je réussis<br>il réussit<br>ils réussissent | to pass (test) | sonner<br>il sonne | to sound,<br>to ring | tuer<br>il tue | to kill |
| regarder<br>il regarde | to look,<br>to watch | réveiller<br>il réveille | to wake | souffler<br>il souffle | to blow | vendre<br>je vends<br>il vend | to sell |
| remarquer<br>il remarque | to notice | *se réveiller<br>je me réveille<br>il se réveille | to wake up | soulever<br>il soulève | to lift | venir<br>je viens<br>il vient<br>ils viennent | to come |
| remercier<br>il remercie | to thank | rire<br>je ris<br>il rit<br>ils rient | to laugh | sourire<br>je souris<br>il sourit<br>ils sourient | to smile | visiter<br>il visite | to visit |
| remplir<br>je remplis<br>il remplit<br>ils remplissent | to fill | saluer<br>il salue | to wave | *se souvenir<br>je me souviens<br>il se souvient<br>ils se souviennent | to remember | vivre<br>je vis<br>il vit<br>ils vivent | to live |
| remuer<br>il remue | to stir | sauter<br>il saute | to jump | | | voir<br>je vois<br>il voit<br>ils voient | to see |
| rencontrer<br>il rencontre | to meet | sauver<br>il sauve | to rescue,<br>to save | tenir<br>je tiens<br>il tient<br>ils tiennent | to hold | voler<br>il vole | to fly,<br>to steal |
| renverser<br>il renverse | to spill, to<br>knock over | savoir<br>je sais<br>il sait<br>ils savent | to know<br>(facts) | tirer<br>il tire | to pull | vouloir<br>je veux<br>il veut<br>ils veulent | to want |
| réparer<br>il répare | to fix,<br>to mend | | | | | | |

* see Reflexive verbs on page 101.

# Complete French word list

| | | | | | |
|---|---|---|---|---|---|
| à | to, with | l'arc-en-ciel (m) | rainbow | se battre | to fight |
| à côté | beside, next to, by | l'argent (m) | money | le bavoir | bib |
| à l'envers | upside down | arrêter | to stop (someone or something) | beau (bel, belle) | beautiful, nice |
| à l'intérieur | inside | s'arrêter | to stop (yourself) | | (to look at) |
| à moins que | unless | l'arrière (m) | back (not front) | beaucoup | a lot, many, much |
| à qui | whose (in questions) | arriver | to arrive, to come, | le bébé | baby |
| à travers | across | | to reach, to happen | le bec | beak |
| l'abeille (f) | bee | l'art (m) | art | la bestiole | bug |
| abîmé | bad (food) | l'artiste (m or f) | artist | la betterave | beetroot |
| aboyer | to bark | l'aspirateur (m) | vacuum cleaner | le beurre | butter |
| accrocher | to hang up | s'asseoir | to sit down | la bicyclette | bicycle |
| acheter | to buy | assez | quite, fairly, enough | bien | well |
| l'acteur (m) | actor | l'assiette (f) | plate | bien fait | good, well done |
| l'actrice (f) | actress | l'astronaute (m or f) | astronaut | bien taillé | sharpened |
| adorer | to love (things) | attacher | to attach, to fix, | bientôt | soon |
| l'adresse (f) | address | | to join | le billet | ticket, (bank)note |
| l'adulte (m or f) | adult | atteindre | to reach | le bisou | kiss |
| l'âge (m) | age | attendre | to wait | la blague | joke |
| s'agenouiller | to kneel down | attraper | to catch | blanc (blanche) | white |
| l'agneau (m) | lamb | au lieu | instead | bleu | blue |
| aider | to help | au revoir | goodbye | le blouson | jacket (men's casual) |
| l'aigle (m) | eagle | aucun or aucune | none, no (not one) | boire | to drink |
| l'aiguille (f) | needle | au-delà | past | le bois | wood |
| aimer | to love (someone), | au-dessous | beneath | la boîte | box |
| | to like (something), | au-dessus | over, above | le bol | bowl |
| | to enjoy | aujourd'hui | today | bon (bonne) | good, right |
| l'air (m) | air | aussi | also, too | bon marché | cheap |
| l'aire de jeux (f) | playground | l'auto (f) | car | bonjour | hello |
| ajouter | to add | l'automne (m) | Autumn | le bord | edge |
| l'album photos (m) | photo album | autour de | around | la botte | boot |
| les aliments (m) | food | autre | other | la bouche | mouth |
| aller | to go | un or une autre | another | le boucher | butcher (m) |
| aller à pied | to walk, go on foot | avant | before, front | la bouchère | butcher (f) |
| aller en vélo | to cycle | avec | with | la boue | mud |
| l'allumette (f) | match (for fire) | l'averse (f) | shower (rain) | bouger | to (make a) move |
| l'alphabet (m) | alphabet | l'avion (m) | plane | la bougie | candle |
| l'amande (f) | almond | avoir | to have | le boulanger | baker (m) |
| l'ambulance (f) | ambulance | avoir besoin | to need | la boulangère | baker (f) |
| l'ami (m) | friend (m) | avoir faim | to be hungry | bouleversé | upset |
| l'amie (f) | friend (f) | avoir peur | to be afraid | boum | bang |
| amusant | fun | avoir soif | to be thirsty | le bout | end, tip |
| s'amuser | to enjoy yourself | avril | April | la bouteille | bottle |
| l'an (m) | year | | | le bouton | button |
| l'ananas (m) | pineapple | la bague | ring (jewellery) | la branche | branch |
| l'âne (m) | donkey | la baignoire | bath | le bras | arm |
| l'ange (m) | angel | bâiller | to yawn | la brindille | twig, stick |
| l'animal (m) | animal | se balancer | to swing | la brosse | brush, hairbrush |
| l'animal domestique (m) | pet | la balançoire | swing | la brosse à dents | toothbrush |
| l'anneau (m) | ring (shape) | balayer | to sweep | le bruit | noise, sound |
| l'année (f) | year | la baleine | whale | brûler | to burn |
| l'anniversaire (m) | birthday | la ballerine | ballerina | bruyant | noisy |
| août | August | le ballon | ball, balloon | la bûche | log |
| aplani | level, smooth | la banane | banana | le buisson | bush |
| l'appareil photo (m) | camera | la banque | bank | le bureau | desk, study |
| appartenir | to belong | la barbe | beard | le bus | bus |
| appeler | to call | la barre | bar | le but | goal |
| apporter | to bring | la barrière | gate | buter | to bump |
| apprendre | to learn | le bas | bottom (not top) | | |
| appuyer | to press | bas (basse) | low | la cacahuète | peanut |
| après | after | le bateau | boat | cacher | to hide (something) |
| l'après-midi (m or f) | afternoon | le bâtiment | building | se cacher | to hide (yourself) |
| l'araignée (f) | spider | le bâton | stick | le cadeau | present, gift |
| l'arbre (m) | tree | la batte | bat (for sports) | le café | café, coffee |

# French word list

| | |
|---|---|
| la cage | cage |
| le calcul | sum |
| le camion | truck |
| la campagne | country, countryside |
| le canapé | sofa |
| le canard | duck |
| cancaner | to quack |
| le caneton | duckling |
| le carnet | notebook |
| la carotte | carrot |
| le carré | square |
| la carte | card, map |
| le casque | helmet |
| la casquette | cap |
| casser | to break |
| le casse-tête | puzzle |
| le CD | CD |
| ce | this |
| ce que | what (not question) |
| ce soir | tonight |
| la ceinture | belt |
| cela | that |
| cent | hundred |
| le centre | centre |
| le cercle | circle |
| les céréales (f) | cereal |
| le cerf | deer |
| le cerf-volant | kite |
| la cerise | cherry |
| ces | these |
| c'est | it's |
| cet (cette) | this |
| la chaise | chair |
| la chaise haute | highchair |
| la chambre | bedroom |
| le chameau | camel |
| le champ | field |
| le champignon | mushroom |
| la chanson | song |
| chanter | to sing |
| le chapeau | hat |
| chaque | each, every |
| le chat | cat |
| le château | castle |
| le chaton | kitten |
| chaud | hot, warm |
| chauffer | to heat |
| la chaussette | sock |
| le chausson | slipper |
| la chaussure | shoe |
| chauve | bald |
| la chauve-souris | bat (animal) |
| le chef cuisinier | chef |
| le chemin | way, route |
| la chemise | shirt |
| la chenille | caterpillar |
| cher (chère) | expensive, dear (in letters) |
| chercher | to search |
| le cheval | horse |
| le chevalier | knight |
| les cheveux (m) | hair |
| la cheville | ankle |
| la chèvre | goat |

| | |
|---|---|
| le chevreau | kid |
| chez | at (someone's home or shop) |
| le chien | dog |
| le chiffre | number (figure) |
| le chiot | puppy |
| le chocolat | chocolate |
| choisir | to choose, to pick |
| la chose | thing |
| le chou-fleur | cauliflower |
| le ciel | sky |
| cinq | five |
| cinquième | fifth |
| cinquante | fifty |
| les ciseaux (m) | scissors |
| le citron | lemon |
| la citrouille | pumpkin |
| clair | pale, light |
| la classe | class |
| la clé, la clef | key |
| la clenche | (door) handle |
| le clou | nail (metal) |
| le clown | clown |
| la coccinelle | ladybird |
| le cochon d'Inde | guinea pig |
| le cœur | heart |
| la colle | glue |
| coller | to stick |
| le collier | necklace |
| la colline | hill |
| combien | how many, how much |
| comme | like |
| commencer | to begin, to start |
| comment | how |
| comprendre | to understand |
| le concombre | cucumber |
| le concours | quiz |
| conduire | to drive |
| le congélateur | freezer |
| congeler | to freeze (something) |
| connaître | to know (people) |
| construire | to build |
| contenir | to hold, to contain |
| content | glad, happy |
| le contraire | opposite |
| copier | to copy |
| le coquillage | (sea) shell |
| la coquille | (egg or nut) shell |
| la corde | rope |
| le corps | body |
| le côté | side, edge |
| le cou | neck |
| se coucher | to lie down |
| le coude | elbow |
| coudre | to sew |
| couler | to sink |
| la couleur | colour |
| couper | to cut |
| la cour de récréation | playground (school) |
| courageux (courageuse) | brave |
| courir | to run |
| la couronne | crown |
| la course | race |

| | |
|---|---|
| court | short |
| le cousin | cousin (m) |
| la cousine | cousin (f) |
| le couteau | knife |
| le couvercle | lid |
| la couverture | blanket |
| la craie | chalk |
| le crayon | pencil |
| le crayon cire | crayon |
| creuser | to dig |
| le crocodile | crocodile |
| croire | to think, to believe |
| le croissant | crescent |
| la croix | cross (sign) |
| croquer | to bite (food) |
| cueillir | to pick |
| la cuillère | spoon |
| la cuisine | kitchen |
| curieux (curieuse) | funny, strange, odd |
| le cygne | swan |
| | |
| la dame | lady |
| dangereux (dangereuse) | dangerous |
| dans | in, inside, into |
| danser | to dance |
| la date | date |
| le dauphin | dolphin |
| de | of, from, some |
| décembre | December |
| découper | to cut out |
| dehors | outside |
| le déjeuner | lunch |
| délicieux (délicieuse) | delicious |
| demain | tomorrow |
| demander | to ask |
| démanger | to itch |
| le demi or la demie | half |
| la dent | tooth |
| le dentifrice | toothpaste |
| le or la dentiste | dentist |
| se dépêcher | to hurry |
| dépenser | to spend |
| déplacer | to move (something) |
| depuis | since |
| déranger | to bother, to disturb |
| dernier (dernière) | last |
| derrière | behind |
| le derrière | bottom (body) |
| des | of, from, some |
| le désert | desert |
| se déshabiller | to undress |
| le désordre | mess |
| le dessin | drawing |
| dessiner | to draw |
| détester | to hate |
| deux | two |
| deuxième | second |
| deviner | to guess |
| d'habitude | usually |
| le dictionnaire | dictionary |
| différent | different |
| difficile | difficult |
| dimanche | Sunday |

| | | | | | |
|---|---|---|---|---|---|
| la dinde | turkey (meat) | énorme | enormous | la ferme | farm |
| le dindon | turkey (bird) | ensemble | together | fermer | to close, to shut |
| le dîner | dinner | ensuite | then, next (after that) | la fermeture éclair | zip |
| le dinosaure | dinosaur | entendre | to hear | le fermier | farmer |
| dire | to say, to tell (give instructions) | entre | between | la fête | party |
| disparaître | to disappear | l'enveloppe (f) | envelope | le feu | fire |
| dix | ten | environ | about | la feuille | leaf, sheet (of paper) |
| dix-huit | eighteen | envoyer | to send | février | February |
| dixième | tenth | l'épaule (f) | shoulder | la ficelle | string |
| dix-neuf | nineteen | épeler | to spell | la figure | face |
| dix-sept | seventeen | les épinards (m) | spinach | la file | line, queue |
| le doigt | finger | l'éponge (f) | sponge | le filet | net |
| le doigt de pied | toe | l'équipe (f) | side, team | la fille | girl, daughter |
| donc | so (because of this) | l'escalier (m) | stairs | le fils | son |
| donner | to give | l'escargot (m) | snail | la fin | end |
| donner à manger | feed | l'espace (m) | space (stars) | fin | thin, fine |
| donner un baiser | to kiss | l'espèce (f) | kind, sort, type | fini | finished, over |
| donner un coup de pied | to kick | essayer | to try | finir | to finish |
| dont | whose, of which | et | and | la flaque | puddle |
| doré | golden | l'étagère (f) | shelf | la fleur | flower |
| dormir | to sleep | l'étang (m) | pond | le fleuve | (big) river |
| le dos | back (body) | l'été (m) | Summer | flotter | to float |
| la douche | shower (for washing) | l'étoile (f) | star | la flûte à bec | recorder |
| doux (douce) | soft, gentle, quiet | être | to be | foncé | dark (colour) |
| douze | twelve | être à genoux | to be kneeling | le foot | soccer, football |
| le dragon | dragon | être à la taille | to fit | la forêt | forest |
| le drap | (bed) sheet | être assis | to be sitting | la forme | shape |
| le drapeau | flag | être assorti | to match | fort | strong, loud |
| droit | straight, upright | être couché | to be lying (down) | le four à micro-ondes | microwave |
| droite | right (not left) | être debout | to be standing | la fourchette | fork |
| drôle | funny | être en équilibre | to balance | la fourmi | ant |
| du | of, from, some | être important | to matter | la fourrure | fur (on clothes) |
| dur | hard | étroit | narrow | frais (fraîche) | fresh |
| | | étudier | to study | la fraise | strawberry |
| l'eau (f) | water | eux | them | la framboise | raspberry |
| s'échapper | to escape | l'évier (m) | (kitchen) sink | frapper | to hit |
| l'écharpe (f) | scarf | expliquer | to explain | le frère | brother |
| l'échelle (f) | ladder | | | le frigo | fridge |
| éclabousser | to splash | fâché | angry | froid | cold (not hot) |
| l'école (f) | school | facile | easy | le fromage | cheese |
| économiser | to save (money or time) | la façon | way, method | le fruit | fruit |
| l'écorce (f) | bark (of a tree) | faire | to make, to do, to cook, to bake | la fusée | rocket |
| écrire | to write | faire attention | to mind, to be careful | | |
| l'écureuil (m) | squirrel | faire cuire | to cook | gagner | to win |
| égal | equal | faire cuire au four | to bake | le galet | pebble |
| l'électricité (f) | electricity | faire du camping | to camp | le gant | glove |
| l'éléphant (m) | elephant | faire du patin | to skate | le garçon | boy |
| l'élève (m or f) | pupil | faire du ski | to ski | garder | to keep |
| elle | she, it | faire du vélo | to ride a bicycle | la gare | station |
| elles | they, them | faire face | to face | garer | to park |
| l'e-mail (m) | email | faire frire | to fry | le gâteau | cake |
| embrasser | to hug | faire la paire | to match | gauche | left |
| l'emploi (m) | job | faire mal | to hurt | le gaz | gas |
| en | in, into | faire semblant | to pretend | le géant | giant |
| en bas | down, at the bottom | le fait | fact | geler | to freeze |
| en face | opposite | la famille | family | génial | great, fantastic |
| en forme | fit | le fantôme | ghost | le genou | knee |
| en haut | at the top | la farine | flour | le genre | sort, kind |
| en retard | late (not on time) | la faute | mistake | les gens (m or f) | people |
| encore | still, yet, again | la fée | fairy | gentil (gentille) | kind, nice |
| endormi | asleep | la femme | woman | la gerbille | gerbil |
| l'endroit (m) | place | la fenêtre | window | la girafe | giraffe |
| l'enfant (m or f) | child | le fer à repasser | iron | la glace | ice, ice cream |

# French word list

| | | | | | |
|---|---|---|---|---|---|
| le glaçon | ice cube | l'infirmier (m) | nurse (m) | le légume | vegetable |
| glisser | to slide, to slip | l'infirmière (f) | nurse (f) | lent | slow |
| se glisser | to creep | l'inondation (f) | flood | lentement | slowly |
| goûter | to taste | s'inscrire | to join (become a member) | la lettre | letter |
| le goûter | tea (meal) | l'insecte (m) | insect | leur | their |
| la goutte | drop | l'instituteur (m) | teacher (m) | leurs | their |
| grand | big, large, great, tall | l'institutrice (f) | teacher (f) | se lever | to stand up |
| la grande personne | grown-up | Internet (m) | Internet, the Net | la lèvre | lip |
| la grande ville | city | l'invitation (f) | invitation | libre | free (not restricted) |
| la grand-mère | grandmother | l'invité (m) | guest, visitor (m) | le lieu | place |
| le grand-père | grandfather | l'invitée (f) | guest, visitor (f) | la limace | slug |
| les grands-parents (m) | grandparents | inviter | to invite | le lion | lion |
| la grange | barn | | | lire | to read |
| gratuit | free (no cost) | jamais | never | lisse | smooth |
| la grenouille | frog | la jambe | leg | la liste | list |
| grimper | to climb | janvier | January | le lit | bed |
| gris | grey | le jardin | garden | le livre | book |
| gros (grosse) | big, large, great, fat | jaune | yellow | loger | to stay (with someone) |
| la grotte | cave | je | I | loin | far |
| le groupe | group | le jean | jeans | long (longue) | long |
| la guitare | guitar | jeter | to throw | la longueur | length |
| | | le jeu | game | lourd | heavy |
| s'habiller | to dress | jeudi | Thursday | lui | him, to or for him, |
| habiter | to live (in a place) | jeune | young | | to or for her |
| le hamburger | burger, hamburger | joli | pretty | la lumière | light |
| le hamster | hamster | jongler | to juggle | lundi | Monday |
| le haricot | bean | jouer | to play | la lune | moon |
| haut | high | le jouet | toy | les lunettes (f) | glasses |
| le haut | top | le jour | day | les lunettes de soleil (f) | sunglasses |
| l'hélicoptère (m) | helicopter | le journal | newspaper | | |
| l'herbe (f) | grass | la journée | day | ma | my |
| l'heure (f) | hour, time (on clock) | juillet | July | la machine | machine |
| heure, heures | o'clock | juin | June | la machine à laver | washing machine |
| heureux (heureuse) | happy | le jumeau | twin (m) | la magie | magic |
| heurter | to bump, to knock | la jumelle | twin (f) | mai | May |
| le hibou | owl | la jungle | jungle | maigre | thin (person or animal) |
| hier | yesterday | la jupe | skirt | le maillot de bain | swimsuit |
| l'hippopotame (m) | hippopotamus, hippo | le jus | juice | la main | hand |
| l'histoire (f) | story | jusqu'à | until | maintenant | now |
| l'hiver (m) | Winter | | | mais | but |
| hocher la tête | to nod | le kangourou | kangaroo | la maison | house, home |
| l'homme (m) | man | | | malheureux (malheureuse) | unhappy |
| l'hôpital (m) | hospital | la | the, her | Maman | Mum |
| l'horloge (f) | clock | là | there | Mamie | Granny |
| hors de | outside, out of | le lac | lake | le manche | handle (knife, pan) |
| le hot-dog | hotdog | laid | ugly | la manche | sleeve |
| l'hôtel (m) | hotel | laisser | to leave (something), to let | le manchot | penguin |
| l'huile (f) | oil | laisser tomber | to drop | manger | to eat |
| huit | eight | le lait | milk | manquer | to be missing |
| huitième | eighth | la laitue | lettuce | le manteau | coat |
| hurler | to shout | la lampe | lamp | le marché | market |
| | | le langage | language | marcher | to walk, |
| ici | here | la langue | tongue, | | to work (function) |
| l'idée (f) | idea | | (foreign) language | marcher à quatre pattes | to crawl |
| il | he, it | le lapin | rabbit | mardi | Tuesday |
| il y a | there's, there are | large | wide | la marionnette | puppet |
| l'île (f) | island | le lavabo | (bathroom) sink, basin | marron | brown |
| ils | they | laver | to wash | mars | March |
| l'immeuble (m) | building | se laver | to wash yourself | le marteau | hammer |
| immobile | still, not moving | le | the, him | le match | match (game) |
| impair | odd (number) | lécher | to lick | le matelot | sailor |
| l'incendie (m) | house on fire | la leçon | lesson | le matin | morning |
| indiquer | to point | léger (légère) | light (not heavy) | mauvais | bad, wrong |

| | | | | | | |
|---|---|---|---|---|---|
| me | me | le nid | nest | le pamplemousse | grapefruit |
| méchant | bad, wicked | Noël | Christmas | le panier | basket |
| le médecin | doctor | le nœud | knot | le panneau | (road) sign |
| le médicament | medicine | noir | black, dark | Papa | Dad |
| le meilleur | best (m) | la noisette | hazelnut | Papi | Grandpa |
| la meilleure | best (f) | la noix | nut, walnut | le papier | paper |
| mélanger | to mix | le nom | name | le papillon | butterfly |
| même | same | le nombre | number (quantity) | le papillon de nuit | moth |
| mener | to lead | non | no | par | through, done by |
| mentir | to lie (not tell truth) | nos | our | le parachute | parachute |
| le menton | chin | la note | note (music) | le parapluie | umbrella |
| la mer | sea | notre | our | le parc | park |
| mercredi | Wednesday | nouer | to tie | parce que | because |
| la mère | mother | le nounours | teddy | le parent | parent |
| mes | my | nous | we, us | paresseux (paresseuse) | lazy |
| le message | message | nouveau (nouvel, nouvelle) | new | parfois | sometimes |
| mesurer | to measure | les nouvelles (f) | news | parler | to talk, to speak |
| le métal | metal | novembre | November | la part | slice, portion |
| mettre | to put | le noyau | stone (in fruit) | partager | to share part (of whole), |
| le micro-ondes | microwave | nu | bare | la partie | match (game) |
| le miel | honey | le nuage | cloud | partir | to leave (a place) |
| mignon (mignonne) | sweet, cute | la nuit | night | partout | everywhere |
| le milieu | middle | nulle part | nowhere | le passé | past |
| mille | thousand | le numéro | number (street, phone) | passer | to pass (give) |
| minuscule | tiny | | | se passer | to happen |
| la minute | minute | occupé | busy | passer devant | to pass (go past) |
| le miroir | mirror | l'océan (m) | ocean | la patte | paw |
| le modèle | model | octobre | October | payer | to pay |
| le modèle réduit | (scale) model | l'œil (m) | eye | le pays | country, nation |
| moi | me | l'œuf (m) | egg | la peau | skin |
| moi-même | myself | l'oie (f) | goose | la pêche | peach |
| moins | less | l'oignon (m) | onion | pêcher | to fish |
| le mois | month | l'oiseau (m) | bird | le peigne | comb |
| la moitié | half (portion) | l'ombre (f) | shadow | peindre | to paint |
| mon | my | l'oncle (m) | uncle | la peinture | paint |
| le monde | world | l'ongle (m) | (finger)nail | la pelleteuse | digger |
| la montagne | mountain | onze | eleven | pencher | to lean |
| monter à cheval | to ride a horse | l'or (m) | gold | pendant que | while |
| la montgolfière | hot air balloon | orange | orange (colour) | pendre | to hang |
| la montre | watch | l'orange (f) | orange (fruit) | la pendule | clock |
| montrer | to show | l'orchestre (m) | band, orchestra | penser | to think, consider |
| la moquette | carpet | l'ordinateur (m) | computer | percuter | to crash |
| mordre | to bite | l'oreille (f) | ear | perdre | to lose |
| le mot | word, note, message | l'oreiller (m) | pillow | le père | father |
| la moto | motorbike | organiser | to plan | le perroquet | parrot |
| la mouche | fly | l'orque (m) | killer whale | personne | nobody, no-one |
| mouillé | wet | l'orteil (m) | toe | la personne | person |
| mourir | to die | l'os (m) | bone | petit | small |
| le mouton | sheep | ou | or | le petit déjeuner | breakfast |
| le mur | wall | où | where | le petit enfant | toddler |
| mûr | ripe | oublier | to forget | le petit pois | pea |
| la musique | music | oui | yes | les petits-enfants (m) | grandchildren |
| | | l'ours (m) | bear | peu | few |
| nager | to swim | ouvert | open | peu profond | shallow |
| la nature | nature | ouvrir | to open | le phoque | seal |
| le navire | ship | l'ovale (m) | oval | la photo | photo |
| la neige | snow | | | la phrase | sentence |
| neiger | to snow | la page | page | le piano | piano |
| nettoyer | to clean | le pain | bread | la pièce | piece, part, coin, room (in house) |
| neuf | nine | pair | even | le pied | foot, base |
| neuf (neuve) | (brand) new | la paire | pair | la pierre | stone |
| neuvième | ninth | le palais | palace | la pieuvre | octopus |
| le nez | nose | la palissade | fence | le pilote | pilot |

# French word list

| | | | | | |
|---|---|---|---|---|---|
| le pique-nique | picnic | promettre | to promise | réussir | to pass (a test) |
| piquer | to sting | propre (after noun) | clean | le rêve | dream |
| le or la pire | worst | propre (before noun) | own | réveiller | to wake |
| la piscine | swimming pool | la prune | plum | se réveiller | to wake up |
| la pizza | pizza | puis | then | le rhinocéros | rhinoceros, rhino |
| la place | room, space, seat (place to sit) | le puzzle | jigsaw | le rhume | cold (illness) |
| la plage | beach | | | riche | rich |
| le plan | plan | quand | when | rien | nothing |
| la planète | planet | la quantité | amount | rire | to laugh |
| la plante | plant | quarante | forty | la rivière | river |
| plat | flat | le quart | quarter | le riz | rice |
| plein | full | quatorze | fourteen | la robe | dress |
| pleurer | to cry | quatre | four | le robot | robot |
| pleuvoir | to rain | quatre-vingts | eighty | robuste | strong, sturdy |
| plier | to fold | quatre-vingt-dix | ninety | le rocher | rock |
| plonger | to dive | quatrième | fourth | le rock | rock (music) |
| le plongeur | diver | que | than, that, which, | le roi | king |
| la pluie | rain | | what (in questions) | rond | round |
| plus | more | quel, quelle, | which (in questions) | la rose | rose |
| le or la plus | most | quels, quelles | | rose | pink |
| la poche | pocket | quelqu'un, | somebody, someone, | la roue | wheel |
| le poème | poem | quelqu'une | anybody, anyone | rouge | red |
| les poils (m) | fur | quelque chose | something, anything | la route | road |
| le point | point (score) | quelque part | somewhere, anywhere | le ruban | ribbon |
| la pointe | point (sharp) | la question | question | la rue | street |
| pointu | sharp, pointed | la queue | tail | | |
| la poire | pear | qui | who | sa | his, her, its |
| le poisson | fish | quinze | fifteen | le sable | sand |
| le poivre | pepper (spice) | | | le sac | bag |
| le poivron | pepper (vegetable) | raccommoder | to mend | sage | good (child) |
| la police | police | raconter | to tell (story) | la saison | season |
| la pomme | apple | la radio | radio | la salade | salad, lettuce |
| la pomme de terre | potato | la radiographie | x-ray (photo) | sale | dirty |
| le pompier | firefighter | raide | steep, straight (hair) | la salle de classe | classroom |
| le pont | bridge | le raisin | grape | saluer | to wave |
| la porte | door | le raisin sec | raisin | salut | hello (to friends) |
| porter | to carry, to wear | la rangée | line (of people) | samedi | Saturday |
| poser | to put (down) | se rappeler | to remember | la sandale | sandal |
| le pot | jar | le rat | rat | le sandwich | sandwich |
| le pouce | thumb | rater | to miss (not catch or hit) | sans intérêt | dull, boring |
| le poulain | foal | le rayon x | x-ray | la saucisse | sausage |
| la poule | hen | le rectangle | rectangle | le saucisson | salami |
| le poulet | chicken | le réfrigérateur | refrigerator | sauf (sauve) | safe (and sound) |
| la poupée | doll | regarder | to look, to watch | sauf si | unless |
| pour | for | la règle | ruler | sauter | to jump |
| pourquoi | why | la reine | queen | sauter à cloche-pied | to hop |
| poursuivre | to chase | remarquer | to notice | sauvage | wild |
| pousser | to grow, to push | remercier | to thank | sauver | to rescue, to save |
| le poussin | chick | remplir | to fill | savoir | to know (facts) |
| se précipiter | to rush | remuer | to stir | le savon | soap |
| premier (première) | first | le renard | fox | le scarabée | beetle |
| prendre | to take | rencontrer | to meet (by chance) | la scie | saw |
| près | close, near | renverser | to knock over, to spill | le scooter | (motor) scooter |
| presque | almost | réparer | to mend, to fix | le seau | bucket |
| prêt | ready | le repas | meal | sec (sèche) | dry |
| le prince | prince | repérer | to spot | sécher | to dry |
| la princesse | princess | répondre | to reply | secouer | to shake |
| principal | main | la réponse | answer | le secret | secret |
| le printemps | Spring | le requin | shark | seize | sixteen |
| le prix | price, prize | respirer | to breathe | le sel | salt |
| prochain | next, following | rester | to stay | la selle | saddle |
| le professeur | teacher | rétrécir | to shrink | la semaine | week |
| profond | deep | retrouver | to meet (by arrangement) | le sentier | path |

|  |  |
|---|---|
| sentir | to smell |
| se sentir | to feel |
| sept | seven |
| septembre | September |
| septième | seventh |
| le serpent | snake |
| la serrure | lock |
| le serveur | waiter |
| la serveuse | waitress |
| la serviette | towel |
| se servir | to use |
| ses | his, her, its |
| seul | alone |
| seulement | just, only |
| le shampooing | shampoo |
| le short | shorts |
| si | if, so (so big), yes (contradicting) |
| le siège | seat |
| signer | to sign |
| silencieux (silencieuse) | quiet, silent |
| s'il te plaît | please |
| s'il vous plaît | please |
| le singe | ape, monkey |
| six | six |
| sixième | sixth |
| la sœur | sister |
| le soir | evening |
| soixante | sixty |
| soixante-dix | seventy |
| le sol | ground |
| le soldat | soldier |
| le soleil | sun |
| le sommet | peak (mountain) |
| son | his, her, its |
| sonner | to ring |
| la sorcière | witch |
| le sort | spell |
| la sorte | sort |
| la soucoupe | saucer |
| souffler | to blow |
| soulever | to lift |
| la soupe | soup |
| sourire | to smile |
| la souris | mouse |
| sous | below, under |
| se souvenir | to remember |
| souvent | often |
| spécial | special |
| le sport | sport |
| la star | star (famous person) |
| le stylo | pen |
| le sucre | sugar |
| sucré | sweet (taste) |
| super | great, fantastic |
| le supermarché | supermarket |
| sur | on (top of), about |
| sûr | sure, safe (not dangerous) |
| la surprise | surprise |
| le symbole | sign, symbol |
| sympa | friendly, nice |
| ta | your |
| la table | table |
| le tableau | picture |
| le tabouret | stool |
| la tache | spot |
| la taille | size, height |
| le tambour | drum |
| la tante | aunt |
| le tapis | rug |
| tard | late (near the end) |
| la tasse | cup |
| le taxi | taxi |
| la télé | TV |
| le téléphone | telephone, phone |
| la télévision | television |
| la tempête | storm |
| le temps | time (taken), weather |
| tenir | to hold (in your hands) |
| la tente | tent |
| terne | dull (colour) |
| la terre | earth, floor, land, soil |
| tes | your |
| la tête | head |
| le thé | tea (drink) |
| le ticket | ticket (bus, underground) |
| le tigre | tiger |
| le timbre | stamp |
| tirer | to pull |
| le toast | toast |
| le toboggan | slide |
| la toile | web |
| les toilettes (f) | toilet (room) |
| le toit | roof |
| la tomate | tomato |
| tomber | to fall |
| ton | your |
| tôt | early |
| toucher | to touch, to feel |
| toujours | always |
| tourner | to turn |
| le tournesol | sunflower |
| tous (toutes) | all |
| tout (toute) | all, each, every |
| tout à coup | suddenly |
| tout à fait | quite, completely |
| tout le monde | everybody, everyone |
| le tracteur | tractor |
| le train | train |
| le trait | line (in drawing) |
| tranchant | sharp (cutting) |
| la tranche | slice (of bread, meat) |
| tranquille | still, calm |
| travailler | to work (do a job) |
| traverser | to cross |
| treize | thirteen |
| trente | thirty |
| très | very |
| le triangle | triangle |
| triste | sad |
| trois | three |
| troisième | third |
| la trottinette | scooter |
| le trou | hole |
| trouver | to find |
| le t-shirt | T-shirt |
| tu | you |
| tuer | to kill |
| un or une | a, one |
| une fois | once |
| utile | useful |
| la vache | cow |
| la vague | wave |
| le vaisseau spatial | spacecraft |
| la valise | suitcase |
| le vase | vase |
| le veau | calf |
| le vélo | bicycle |
| vendre | to sell |
| vendredi | Friday |
| venir | to come |
| le vent | wind |
| le verre | glass |
| vert | green |
| la veste | jacket |
| les vêtements (m) | clothes |
| la viande | meat |
| vide | empty |
| la vie | life |
| vieux (vieil, vieille) | old |
| vif (vive) | bright |
| vilain | naughty |
| la ville | town |
| vingt | twenty |
| violet (violette) | purple |
| le visage | face |
| la visière | peak (cap) |
| visiter | to visit |
| vite | fast, quick |
| vivre | to live, to be alive |
| le vœu | wish |
| voici | here's, this is |
| voir | to see |
| le voisin | neighbour (m) |
| la voisine | neighbour (f) |
| la voiture | car |
| la voiture de police | police car |
| la voiture de pompiers | fire engine |
| la voix | voice |
| voler | to fly, to steal |
| vos | your |
| votre | your |
| vouloir | to want |
| vouloir dire | to mean |
| vous | you |
| le voyage | journey |
| vrai | real, true |
| la vue | view |
| les WC (m) | toilet |
| le Web | (World Wide) Web |
| le xylophone | xylophone |
| le zèbre | zebra |
| zéro | zero |
| le zoo | zoo |

# Hear the words on the Internet

If you can use the Internet and your computer can play sounds, you can listen to all the French words and phrases in this dictionary, read by a French person.

Go to the Usborne Quicklinks Website at www.usborne-quicklinks.com Type in the keywords **french picture dictionary** and follow the simple instructions. Try listening to the words or phrases and then saying them yourself. This will help you learn to speak French easily and well.

Always follow the safety rules on the right when you are using the Internet.

## What you need

To play the French words, your computer may need a small program called a media player, such as Realplayer® or Windows® Media Player.

These programs are free, and if you don't already have one, you can download a copy from www.usborne-quicklinks.com

## Internet safety rules

Ask your parent's or guardian's permission before you connect to the Internet and make sure you follow these simple rules:

• Never give out information about yourself, such as your real name, address, phone number or the name of your school.

• If a site asks you to log in or register by typing your name or email address, ask permission from an adult first.

## Notes for parents or guardians

The Picture Dictionary area of the Usborne Quicklinks Website contains no links to external websites. However, other areas of Usborne Quicklinks do contain links to websites that do not belong to Usborne Publishing. The links are regularly reviewed and updated, but Usborne Publishing is not responsible, and does not accept liability, for the content or availability of any website other than its own, or for any exposure to harmful, offensive or inaccurate material which may appear on the Web.

We recommend that children are supervised while on the Internet, that they do not use Internet chat rooms and that you use Internet filtering software to block unsuitable material. Please ensure that your children follow the safety guidelines above.

For more information, see the "Net Help" area of the Usborne Quicklinks Website at www.usborne-quicklinks.com

French language consultant: Lorraine Beurton-Sharp
Art director: Mary Cartwright
Additional editing by Claire Masset and Fiona Patchett

Photography by Howard Allman and MMStudios
Additional design and illustrations by Matt Durber, Mike Olley and Brian Voakes

Additional models by Les Pickstock, Barry Jones, Stef Lumley, Karen Krige and Stefan Barnett

With thanks to Staedtler for providing the Fimo® material for models.
Bruder® toys supplied by Euro Toys and Models Ltd.

This edition first published in 2006 by Usborne Publishing Ltd,
83-85 Saffron Hill, London EC1N 8RT, England. www.usborne.com
Copyright© 2006, 2002 Usborne Publishing Ltd.

Printed in China.